인듀어런스

THE ENDURANCE by Caroline Alexander

Copyright ⓒ 1998 by Caroline Alexander

All rights reserved.

Korean translation copyright ⓒ 2002 by Danielstone Publishing

This Korean edition is published by arrangement with Alfred A. Knopf,
a division of Random House, Inc., New York through KCC, Seoul.

이 책의 한국어판 저작권은 한국저작권센터(KCC)를 통한
저작권자와의 독점 계약으로 뜨인돌출판(주)에 있습니다.
저작권법에 의해 한국 내에서 보호를 받는 저작물이므로 무단전재와 복제를 금합니다.

인듀어런스

캐롤라인 알렉산더 글 | 프랭크 헐리 사진

김세중 옮김

뜨인돌

부빙을 헤치고 항해 중인 인듀어런스 호

부빙 위에서 기울어져 있는 인듀어런스 호

침몰하기 시작한 인듀어런스 호

엘리펀트 섬을 떠나는 제임스 커드 호

어니스트 섀클턴 경 Sir. Ernest Shackleton

조지 마튼 George E. Marston  로버트 클라크 Robert S. Clark  레오나르드 허시 Leonard D. A. Hussey

찰스 그린 Charles Green  프랭크 와일드 Frank Wild  리킨슨과 하우 Rickinson & How

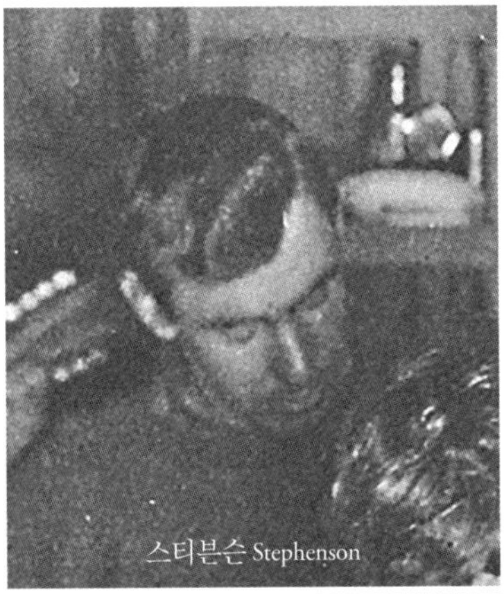

스티븐슨 Stephenson  톰 크린 Tom Crean  그린스트리트 Greenstreet

블랙보로와 치피 여사
Blackborow & Mrs. Chippy

베이크웰과 커어 Bakewell & Kerr

어니스트 섀클턴 Ernest Shackleton

차례

1부
영웅시대
17

2부
남극을 향해
33

3부
침몰
73

4부
페이션스 캠프
131

5부
보트 여행
163

6부
제임스 커드 호의 항해
191

7부
사우스 조지아 섬
205

8부
엘리펀트 섬
227

에필로그
"나의 동료들에게"
253

1부

영웅시대

프랭크 헐리

사진사로 탐험대에 참여했던 프랭크 헐리가
당시의 복장을 하고 스튜디오에서 포즈를 취하고 있다.

선장 프랭크 워슬리는 그날을 생생하게 기억했다. 남극의 한겨울인 7월. 기나긴 극지의 밤이 계속되고 있었다. 기온은 영하 34도였고, 보이는 것이라고는 오직 사방으로 펼쳐진 아득한 얼음뿐이었다. 사람들은 말을 멈추고 맹렬한 바람 소리에 귀를 기울였다. 멀리서 얼음이 울부짖는 소리가 간간이 들려왔다.

워슬리와 다른 두 사람은 그 섬뜩한 소리를 들었다. 그들의 작은 배도 얼음 소리에 놀라 온몸을 떨며 삐걱거리고 있었다. 아득히 먼 곳에서 시작된 수백만 톤의 얼음 압력이 배를 향해 밀려올 때면 배의 구석구석이 긴장으로 인해 뻣뻣하게 굳는 듯했다.

한 사람이 말을 꺼냈다.

"거의 끝이 온 것 같군……. 배가 더 이상은 견딜 수 없을 거야. 선장, 이제 시간문제일 뿐이니까 마음의 준비를 하는 게 좋아. 몇 개월이 될 수도 있고, 몇 주가 될 수도 있고, 단 며칠이 될 수도 있어……."

1915년. 그 말을 한 사람은 당시 가장 유명한 극지 탐험가들 중 한 명인 어니스트 섀클턴 경(卿)이었고, 다른 한 사람은 부대장인 프랭크 와일드였다. 그들이 타고 온 '인듀어런스' 호는 남위 74도인 남극 웨들해의 얼어붙은 바다 한가운데 갇혀 있었다.

섀클턴의 애초 계획은 멋지고 대담한 것이었다. 탐험사의 마지막을 찬란하게 장식할 전대미문의 위업, 남극대륙 횡단! 그의 탐험대를 태운 인듀어런스 호는 1914년 12월에 남극권의 관문인 사우스 조지아 섬의 포경기지를 출발한 이후 1,600km 이상을 항해하며 엄청난 얼음 장애물을 헤쳐왔다.

그러나 목적지를 겨우 150km 앞둔 상태에서 그들은 항해를 중단해야 했다. 표류하는 부빙(바다 위를 떠다니는 얼음 덩어리-역주)들이 강한 북동풍에 떠밀려 남극의 빙붕(해안의 얕은 바다를 덮고 있는 얼음 지형-역주)으로 모여들었고, 인듀어런스 호가 그 틈새에 갇혀버린 것이다. 배를 가둔 부빙군(무수한 부빙들로 이루어진 대규모의 얼음 떼-역주)은 때마침 급강하한 기온으로 인해 단단하게 얼어붙기 시작했다. 설상가상으로 웨들해의 무자비한 조류가 얼음에 갇힌 인듀어런스 호를 육지에서 더욱 먼 곳으로 몰고 갔다.

섀클턴은 이미 남극을 두 번이나 탐험하고 돌아온 국민적 영웅이었다. 한 번은 남극점에서 불과 150km 떨어진 지점까지 접근함으로써 탐험사상 최고 기록을 세우기도 했다. 하지만 남다른 업적과 쏟아지는 찬사에도 불구하고 남극점을 향한 그의 도전은 번번이 실패로 끝났다. 1914년에 섀클턴이 다시 남극으로 향했을 때, 그가 두 번이나 시도했던 남극점 정복의 영예는 이미 다른 사람이 차지한 뒤였다.

대신 그는 새로운 탐험 목표를 세웠다. 서남극의 웨들해 연안에 상륙한 다음 남극점을 경유하여 동남극의 로스해 연안까지 행군하는 남극대륙 횡단이 바로 그것이다. 그는 탐험가이자 조직가로서 그동안 쌓았던 모든 경험과 역량을 총동원하여 이 대담한 계획을 실행에 옮겼다.

섀클턴은 몰랐을 것이다. 자신이 또 한 번의 좌절을 겪게 되리라는 것을. 그는 몰랐을 것이다. 그것이 성공보다 더 위대한 실패가 되리라는 것을. 훗날 세상으로 하여금 그의 이름을 영원히 기억하게 만든 것은 바로 이 실패한 '인듀어런스 탐험'이었다.

20세기 초의 남극 탐험은 지구상의 다른 곳을 탐험하는 것과는 달랐다. 탐험대의 앞길을 가로막는 위험한 맹수나 야만인은 없었다. 시속 300km의 바람과 영하 70도의 추위에 맞서야 하는 남극 탐험에서 가장 중요한 것은 자연의 위대한 힘을 받아들이는 순수한 마음과 한없는 인내력이었다.

1914년에 시작하여 1917년에 끝난 '인듀어런스 탐험'은 극지 탐험 영웅시대의 마지막 모험으로 불린다. 1901년 8월, 로버트 스콧이 이끄는 '디스커버리' 호가 남극의 맥머도 협만을 향해 출발하면서 영웅시대의 서막이 열렸다. '과학적 탐사'라는 명분으로 진행된 이 탐험의 실제 목적은 남극점에 영국 국기를 꽂는 것이었다.

스콧은 이 첫 번째 남극 탐험의 동반자로 의사이자 동물학자인 윌슨 박사와 28살의 젊은 선원 섀클턴을 선택했다. 11월 2일, 세 사람은 썰매를 끌 개 19마리와 짐을 가득 실은 썰매 5대로 탐험을 시작했다. 지도에도 없는 완벽한 미지의 땅에서 왕복 2,500km가 넘는 엄청난 도전을 감행한 것이다.

그들은 아주 조금씩 힘겹게 전진했다. 그러다가 밤이 되면 모자라는 식량을 나누어 먹은 다음 얼어붙은 슬리핑백 속으로 들어갔다. 굶주림과 괴혈병으로 인해 세 사람은 차츰 지쳐가기 시작했다. 병든 개들이 한 마리씩 쓰러졌고, 그렇게 죽은 개들은 살아남은 개들의 먹이가 되었다.

남위 82도 17분. 남극점에서 북쪽으로 1,000km가량 떨어진 곳에서 스콧은 결국 절망적인 상황을 인정하고 후퇴 명령을 내릴 수밖에 없었다. 괴혈병으로 신음하던 섀클턴은 피를 토하며 쓰러진 채 썰매에 실려 오는 신세가 되었다. 생존을 위한 처절한 사투 끝에 그들이 귀환한 것은 출발 3개월 만인 1903년 2월 3일이었다.

이 첫 번째 남극 탐험은 이후 남극대륙에 상륙한 영국 탐험대들이 공통적으로 겪은 영웅적인 고난의 전형이 되었다.

아일랜드 태생인 섀클턴은 의사를 아버지로 둔 안락한 중산층에 속했다. 영국의 공립학교를 거쳐 16세의 나이로 '영국 상선대(British Merchant Navy)'에 들어간 그는 스콧의 남극 탐험에 자원하기 전까지 상선대의 고급 선원으로 일했다. 낭만

적이고 야망이 강했던 그에게 극지 탐험은 더없이 매력적인 삶의 탈출구였다.

첫 탐험에서 돌아온 뒤 몇 차례의 사업 실패를 겪은 섀클턴은 결국 목표를 다시 남극으로 바꾸고 탐험 자금 확보에 나섰다. 그리하여 1907년 8월에 '님로드' 호를 이끌고 남극의 로스해로 향했다. 로이즈 곶의 기지에서 겨울을 보낸 그가 탐험대원 3명과 조랑말 4마리를 데리고 남극점으로 떠난 것은 1908년 10월 29일이었다.

12월 초에 탐험대는 남극 종단 산맥의 들머리인 거대한 빙하(고지대의 얼음이 비탈을 따라 강처럼 흘러내리는 것—역주) 입구에 도착했다. 후원자의 이름을 따서 '비어드모어'라 이름 붙인 그 빙하는 산맥 너머 남극 고원으로 나아가기 위한 고통스러운 관문이었다. 이미 조랑말 3마리가 대원들의 식량으로 바뀐 뒤였고, 3일 뒤에는 마지막 한 마리가 크레바스(얼음 사이의 깊은 틈새—역주)에 떨어져 죽었다.

설맹(만년설에서 반사되는 자외선으로 인해 각막이나 결막에 생기는 염증—역주)과 배고픔, 동상과 싸우며 비어드모어를 건넌 섀클턴은 남극점을 약 150km 앞둔 남위 88도 23분 지점에서 결국 더 이상의 전진을 포기했다. 바닥난 식량과 대원들의 체력 저하로 인한 부득이한 결정이었다. 그들은 모든 장비를 버리고 필사적으로 36시간을 행군한 뒤에야 간신히 살아서 귀환할 수 있었다.

스콧의 기록을 약 600km 앞지른 섀클턴은 일약 국민적 영웅으로 떠올랐으며 기사 작위를 받는 영광까지 누렸다. 하지만 탐험으로 인한 빚이 워낙 많았던 탓에 세 번째 도전의 기회를 좀처럼 얻을 수 없었다. 그가 재정 문제로 허덕이고 있는 사이에 스콧이 모든 영국인들의 축복을 받으며 다시 한번 남극 공략에 나서게 된다.

스콧의 마지막 여행은 그야말로 장엄한 서사시였다. 1910년 10월, 노르웨이 탐험가 아문센이 북극 탐험에서 돌아와 남극으로 향하면서 둘 사이의 역사적인 경주가 시작된다. 남극점으로의 출발 시기는 양쪽 모두 1911년 10월. 스콧의 출발 장소는 예전의 베이스캠프 근처인 에반스 곶이었고 아문센의 출발 장소는 동쪽의 웨일즈 만이었다.

스콧 탐험대는 섀클턴의 탐험에서 아무 소용도 없는 것으로 입증된 조랑말, 제대로 작동하지 않는 모터 썰매, 아무도 다룰 줄 몰랐던 개 때문에 심각한 어려움을 겪으며 남쪽을 향해 나아갔다. 이동 거리는 하루에 15~20km가 고작이었다. 반면 아문센 탐험대는 잘 훈련된 개 52마리와 팀을 이루어 스키를 타고 매일 25~30km를 순조롭게 달려나갔다. 하루에 거의 50km를 달린 적도 있었다.

1912년 1월 16일, 스콧과 그의 탐험대는 남위 89도 지점에서 아문센 탐험대가 이미 그곳을 지나갔음을 보여주는 흔적을 발견했다.

"최악의 상황이 벌어졌다." 스콧은 일기에 솔직하게 적었다. "모든 꿈이 사라졌다." 다음 날 스콧 탐험대는 지칠 대로 지친 상태에서 남극점으로 향했다. 가까스로 도착한 남극점에서 스콧은 예감처럼 이런 일기를 남긴다. "이제 다시 돌아간다. 아마도 필사적인 투쟁이 될 것이다. 해낼 수 있을지 모르겠다."

그들은 결국 해내지 못했다. 스콧 탐험대는 한 명씩 차례로 얼음 위에서 죽었다. 천신만고 끝에 보급창고에서 18km 떨어진 곳까지 와서 텐트를 쳤을 때, 생존자는 스콧을 포함하여 겨우 세 명으로 줄어든 상태였다.

눈앞에 다가온 최후. 스콧은 조용히 펜을 들었다. 그러고는 영국에 있는 탐험대 회계책임자에게 역사에 길이 남을 비장한 편지를 썼다.

우리는 신사처럼 죽을 것이며, 불굴의 정신과 인내력이 남아 있음을 보여주겠다……. 우리가 살아서 간다면 모든 영국인들의 가슴을 뒤흔들 탐험대의 용기와 인내를 말해줄 수 있을 텐데……. 이 짧은 글과 우리의 시체가 그 이야기를 대신 해줄 것이다.

그리고 3월 29일, 스콧은 마지막 일기를 적었다.

안타깝지만, 더 쓸 수 없을 것 같다.

스콧의 글은 1년 뒤에야 발견되었다. 1913년 2월, 스콧의 글이 세상에 알려지자 영국 전체가 커다란 충격과 슬픔에 휩싸였다. "넬슨 이후 이렇게 극적인 죽음은 없었다"고 말한 언론인까지 있을 정도였다. 그의 죽음에 얽힌 신화는 《피터팬》의 작가이자 감상적인 산문의 대가인 제임스 배리 경이 다듬은 《스콧의 일기》가 출판되면서 더욱 증폭되었다.

바로 이게 섀클턴이 남극 횡단에 나설 당시의 분위기였다. 스콧의 비극적인 죽음이 알려진 지 불과 1년 만에 감행된 인듀어런스 호의 탐험은 모든 영국인들의 비상한 관심을 끌었다. 섀클턴이 탐험 계획서에 적은 바와 같이, 그의 목표는 상당한 호소력이 있었다.

> 감상적인 측면에서 보면 이번 탐험은 마지막 남극 탐험이라 할 수 있다. 남극점에 갔다가 돌아오는 것보다 훨씬 더 위대한 탐험이 될 것이며, 북극과 남극 정복 경쟁에서 패배한 영국에게 이번 탐험의 성공은 큰 힘이 되리라 생각한다. 이제 가장 위대하고 인상적인 남극대륙 횡단 탐험만이 남아 있다.

자금 확보는 비교적 순조로웠다. 영국 정부가 그를 지원했고, 스코틀랜드의 부유한 사업가 제임스 커드 경이 24,000파운드를 기부했다. 또 담배 사업가의 딸인 스탠콤 윌스와 '버밍엄 스몰 암즈 컴퍼니'의 더들리 더커가 후원자로 나섰다. 왕립지질학회와 영국 각지의 공립학교 및 개인들도 크고 작은 지원을 약속한 상태였다.

그 밖에도 섀클턴은 탐험에서 발생할 모든 뉴스와 사진 판권을 미리 팔아 자금을 조달했다. 카메라로 탐험의 전 과정을 기록하여 남극의 모습을 생생하게 보여줄 계획이었다. 그는 '남극 횡단 필름 신디케이트'를 조직하여 탐험 사진에 관한 모든 권리를 갖게 했고, 〈데일리 크로니클〉에 탐험 뉴스에 관한 독점권을 팔았다.

인듀어런스 호의 갑판

"옆을 따라 걸으며 보니 선미에 '인듀어런스 호'라고 적혀 있었다.
가까이 다가가 보니 그렇게 멋있거나 깔끔해 보이지 않았다.
갑판은 다양한 크기와 모양의 나무 상자와 박스로 가득했고 개도 엄청 많았다." —베이크웰, 자서전 새클턴은 극지 탐험용 배를 만들어온 노르웨이의 유명한 조선소에서 300톤 규모의 목조 범선 '북극성' 호를 구입했다. 80cm 두께의 참나무와 노르웨이 전나무로 만든 44m 길이의 튼튼한 배였다. 남극 바다의 얼음을 헤치고 항해하기에 안성맞춤인 그 배의 이름을 새클턴은 '인듀어런스(Endurance, 인내)'로 정했다. 집안의 가훈인 'Fortitudine Vincimus(인내로 극복한다는 뜻 – 역주)'에서 따온 것이었다.

탐험에 필요한 배는 두 척이었다. 인듀어런스 호가 웨들해로 가는 동안 또 한 척의 배가 보급 팀을 싣고 건너편의 로스해로 가야 하기 때문이다. 그들은 반대편에서 오는 새클턴의 횡단 팀을 위해 곳곳에 물품 창고를 세워두는 임무를 맡는다. 보급 팀을 싣고 갈 배는 1876년에 건조된 물개 사냥선 '오로라' 호였다.

영국 언론들은 새클턴의 탐험에 커다란 관심을 보였다. 하지만 1914년 8월 1일 런던에서 인듀어런스 호가 출발할 때 다른 사건이 터지는 바람에 그의 탐험은 세상의 관심에서 지워져버렸다. 독일이 러시아를 상대로 선전포고를 하면서 유럽 전역에 전운이 감돌기 시작했던 것이다. 영국 영해를 채 벗어나기도 전인 8월 4일에 '총동원령'이 내려졌고, 새클턴의 탐험은 자칫 시작도 하기 전에 중단될 위기에 처하고 말았다.

하지만 다행히도 그의 걱정을 씻어주는 짤막한 전보가 해군성에서 날아왔다. "계속 진행하시오." 당시 해군성 장관으로 있던 윈스턴 처칠 역시 "당국은 탐험이 계속 추진되기를 바란다"는 내용의 전보를 새클턴에게 별도로 보냈다.

8월 8일. 인듀어런스 호는 영국을 떠나 대서양 남쪽으로 본격적인 항해를 시작했다.

새클턴은 아문센의 성공 비결을 최대한 활용했다. 스키에 능숙한 영국 해병대의 장교를 초빙하여 탐험대원들에게 스키 훈련을 시켰고, 식품영양학자와 함께 탐험대의 비상 식량을 준비했다. 또 전문가의 자문을 받아 썰매 훈련을 시킨 캐나다 개 69마리를 부에노스아이레스에 준비해 놓도록 했다. 인듀어런스 호가 남극

썰매견을 빗질해 주고 있는 맥클린

부에노스아이레스에서 탑승한 69마리의 썰매견들은 끊임없는 관심이 필요했다.

강아지들

좌측부터 넬, 토비, 로저, 넬슨.
"강아지들은 아문센에게 무자비하게 굴었다. 무리 중 가장 덩치가 큰 아문센이 체념한 듯 밖에 앉아 있는 모습을 종종 볼 수 있었다." —섀클턴 자서전《사우스》

크린과 썰매견들

으로 가는 도중에 그곳에 들러 개를 실을 예정이었다.

　탐험가로서 가장 소중한 자산은 다름 아닌 그의 낙천성이었다. 만일 그가 냉정하지 못했거나 욕심이 더 많았다면 지난 두 번째 탐험에서 남극점 최초 정복의 주인공이 되었을지도 모른다. 하지만 그랬다면 그와 그의 대원들은 스콧의 팀들과 마찬가지로 비참한 최후를 맞이했을 것이다. 당시 섀클턴이 후퇴하기로 결정한 것은 실로 용기 있는 행동이었으며, 그의 특징인 낙천적 성격을 잘 보여준다. 죽지 않고 살아 있으면 언젠가는 또다시 기회가 찾아오는 것이다.

 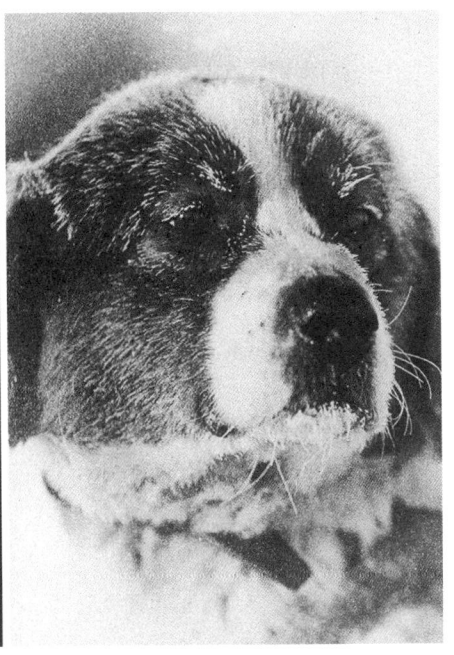

오드 밥

썰매견은 에스키모개가 아니라 캐나다에서 추위에
적응된 다양한 개의 잡종이었다.
"어느 정도 잡종이 아닌 개가 한 마리도 없었다."
―오들리의 일기

솔져

와일드 썰매 팀의 리더

"남극점 정복 경쟁을 아문센과 섀클턴이 했다면 섀클턴은 중간에 되돌아와 아문센 탐험대를 만나서 성대한 축하 파티를 열었을 것이다." 언젠가 유명한 극지 탐험 역사가가 이런 말을 한 적이 있다. 아문센과의 경쟁에서 패배한 스콧을 짓눌렀던 극심한 좌절을 섀클턴이라면 겪지 않았을 것이라는 설명이다.

섀클턴은 부하를 먼저 생각하는 리더로 널리 인정받았다. 그리고 사람들은 그에게 절대적인 믿음과 충성을 보였다. 그와 함께 남위 88도까지 갔다가 후퇴한 3명 중 하나인 프랭크 와일드는 섀클턴에 대한 자신의 생각을 영원히 바꾸어 놓은

프랭크 와일드

맥클린의 아래와 같은 말로, 섀클턴의 충직한 부대장인 와일드를 알 수 있다.
"항상 조용하고 침착했으며, 어떤 상황에서도 똑같은 모습이었다.
그러나 그가 어떤 사람에게 뭐라고 말하면 그 사람은 잽싸게 뛰었다."

한 사건을 일기에 적은 적이 있다. 1909년 1월 31일 밤에 비상 식량과 조랑말 고기로 부실한 식사를 하고 난 다음, 섀클턴은 자기 몫의 비스킷 4개 가운데 1개를 와일드에게 주며 강제로 먹였다고 한다.

"이 순간의 이런 행동이 얼마나 자상하고 호의적인 것인지 이해할 수 있는 사람은 이 세상에 아무도 없을 것이다." 와일드는 다음 문장에 줄까지 쳐가며 적었다. "절대 잊지 못할 것이다. 수천 파운드의 돈으로도 결코 살 수 없는 비스킷이었다."

인듀어런스 호가 남극을 향해 출발할 때 와일드는 탐험대 부대장을 맡았다. 와일드는 당시 섀클턴이 보여준 행동을 잊지 못했고, 그의 충성심은 횡단 탐험의 소중한 자산이었음이 나중에 입증되었다. 처절한 시련을 겪은 인듀어런스 호의 대원들에게 유일한 축복이 있었다면 그건 바로 섀클턴의 부하였다는 점이다. 탐험 역사상 가장 위대했던 이 생존 드라마에서 섀클턴은 자신의 대원들과 늘 함께했다.

2부

남극을 향해

사우스 조지아 섬과 항구에 정박한 인듀어런스 호
앞에 보이는 워슬리와 그린스트리트는 헐리를 도와
카메라 장비를 꼭대기까지 갖고 올라와서 이 사진을 찍었다.

인듀어런스 호는 마데이라 제도와 몬테비데오를 거쳐 부에노스아이레스에 도착했다. 69마리의 썰매견을 싣고 마지막 기항지인 사우스 조지아 섬을 향해 출발한 것은 10월 26일. 이런 종류의 탐험이 대개 그렇듯이 인듀어런스 호에도 일반 선원, 고급 선원, 예술가, 과학자 등 다양한 부류의 사람들이 타고 있었다.

"우리는 모두 일해야 했다. 필요한 일이 있으면 과학자건 누구건 모두 달려들어 로프를 잡고 끌어야 했다……." 해병대 출신의 토머스 오들리는 이렇게 적었다. 그는 스키 강사이자 모터 썰매 책임자였다. 대원들 가운데 유독 말이 많았던 것으로 알려진 그의 일기는 탐험에 얽힌 이런저런 이야기들을 가장 자세히 담고 있다.

대원들 가운데는 남극 경험이 풍부한 사람이 많았다. 프랭크 와일드를 제외하면 3등 항해사인 알프레드 치덤이 최고의 베테랑이었다. 1902년에 스콧 탐험대의 수색을 위해 파견된 구조선 '모닝' 호의 갑판장으로 처음 남극에 왔고, 섀클턴의 님로드 호에서는 3등 항해사를 맡았다. 또 아문센과 스콧의 경주가 있던 1911년에는 스콧을 따라 '테라노바' 호를 탔다. 항해술 못지않게 뱃노래 실력도 훌륭한 타고난 뱃사람이었다.

사진작가 프랭크 헐리도 남극 탐험 경험이 있었다. 1911년에 호주의 유명한 극지 탐험가 더글러스 모슨 박사의 남극 탐험에 참가하여 '눈보라의 고향'이란 필름을 만들었을 때 그의 나이는 겨우 26세였다. 원하는 사진을 얻기 위해서라면 어

토머스 오들리

해병대 훈련 교관이었던 오들리는
인듀어런스 호를 타기 전에
중국에서 근무했다. 스콧의 2차 탐험에도
참여할 뻔했다.

크린(서 있는 사람)과 치덤

'아일랜드 거인'과 몸집이 작은 '남극의
베테랑'. 크린은 섀클턴의 인듀어런스 호를
타기 전에 테라노바 호와 디스커버리 호를
타고 스콧의 남극 탐험에 참여했다.

디든 갈 의지가 있고 아무리 힘든 상황도 이겨낼 수 있는 강인한 인물이었다.

조각가 조지 마츤은 섀클턴을 따라 님로드 호를 탄 경험이 있었다. 갑판원인 토머스 맥리오드 역시 님로드 호와 테라노바 호를 두루 거친 경력 27년의 베테랑이었다. 2등 항해사 톰 크린은 디스커버리 호와 테라노바 호를 탔으며, 1911년에 남극점을 향해 떠난 스콧 탐험대 16명 가운데 한 명이기도 했다.

인듀어런스 호의 선원들 중 상당수는 북해에서 트롤 어선을 탔다. 아이슬란드 해안 근처에서 트롤 어선을 탔던 존 빈센트 역시 그중의 한 명이다. 화부 두 명

조지 마츤

동료 선원은 그를 "프로권투 선수의 얼굴과 체격, 타락한 천사의 성격"을 가진 사람으로 묘사했다.

프랭크 헐리

"사진사인 헐리는 아주 흥미로운 인물이다. 호주 출신으로서, 더글러스 모슨 박사의 남극 탐험에 사진사로 참여했다. 뛰어난 사진작가이며 그의 작품이 폰팅보다 떨어진다고 생각되지 않는다."
—오들리의 일기

가운데 윌리엄 스티븐슨은 해병대 출신이었고, 스물한 살의 어니스트 홀리스는 오들리에 의하면 "탐험에 가장 충실"했다.

선원 가운데 네 명은 특히 사람이 좋았다. 티모시 맥카티는 재치가 넘치는 젊은 아일랜드인이었다. 런던 출신인 월터 하우는 외국 근무를 마치고 집에 돌아온 지 3주 만에 남극 횡단 탐험에 지원했다. 농장 노동자, 철도 노동자, 벌목꾼 등을 전전하다가 뒤늦게 뱃사람이 된 윌리엄 베이크웰은 부에노스아이레스에서 탐험대에 합류한 독특한 케이스였다.

인듀어런스 호에서 바라본 그리트비켄 포경기지
웨들해를 향해 남쪽으로 떠나기 전 선박의 마지막 기항지.

"첫눈에 반했다." 인듀어런스 호를 처음 보았을 때의 심정을 베이크웰은 이렇게 말했다. 유명한 탐험가 어니스트 섀클턴 경이 선원을 구하고 있다는 말을 들은 그는 친구인 블랙보로와 함께 탐험대에 지원했다. 베이크웰이 증기선이 아닌 범선 항해 경험이 많다는 사실에 만족한 섀클턴은 곧바로 그를 채용했지만 블랙보로는 돌려보냈다. 더 이상의 선원은 필요하지 않은 까닭이었다.

그러나 블랙보로는 친구의 도움을 받아 몰래 선실의 사물함 속에 숨어들었다. 배가 부에노스아이레스를 출발한 다음 날, 이 젊은이는 '대장'으로부터 심한 꾸중을 들었다. 펄펄 뛰던 섀클턴은 블랙보로에게 바싹 다가가 이렇게 말했다고 한다.

"만일 식량이 떨어져서 굶게 되면 널 제일 먼저 잡아먹을 거야."

1914년 11월 28일 사우스 조지아 섬

레지널드 제임스가 섬에 머무는 동안 섬 주변을 탐사하러 떠난
워디, 헐리(카메라 가방을 든), 클라크의 사진을 찍었다.

실험실의 클라크

대원들은 그의 표본 병에 스파게티를 담는 장난을 치곤 했다.

물론 그건 이 맹랑한 밀항자를 받아들이겠다는 의미였다. 블랙보로는 월 3파운드에 주방 보조로 채용되었다. 그날 이후 섀클턴은 이 조용하고 성실한 웨일즈 출신의 젊은이를 다른 선원들과 마찬가지로 친절하게 대했다.

나이 많은 목수 맥니쉬는 탐험대에서 가장 수수께끼 같은 인물이었다. 1902년에 스코틀랜드 탐험대와 함께 남극까지 갔었다고 주장했지만 믿는 사람은 없었다. 그는 '치피'라는 별명으로 통했고 그가 데려온 고양이는 '치피 여사'로 불렸다. 그 고양이가 수컷이라는 사실이 밝혀진 건 탐험이 시작되고 한참이나 지난 뒤였다.

웨들해는 배가 항해하기에 나쁜 조건을 고루 갖춘 특이한 곳이다. 이곳에서 형성된 얼음들은 넓은 바다로 흘러나가지 않고 해류를 따라 끊임없이 표류한다. 남

바닥 청소

워디, 치덤, 맥클린(왼쪽부터). "그저 청소가 싫다. 대부분의 경우에
계급 의식을 포기할 수 있지만, 고상하게 자란 사람들에게 바닥 청소는
공정하지 못한 일이라고 생각한다." —오들리의 일기

극대륙, 파머 반도, 사우스 샌드위치 제도, 이 세 개의 육지가 바다를 에워싼 채 얼음의 이동을 가로막고 있기 때문이다. 바다 위를 떠돌던 얼음들은 결국 시계 방향으로 회전하는 해류에 떠밀려 바다 서쪽 파머 반도의 허리로 바짝 밀려가게 된다.

인듀어런스 호의 상륙 예정지는 웨들해 동쪽 바셀 만(灣)이었다. 하지만 배가 웨들해의 강한 해류에 휩쓸린다면 그들은 얼음과 더불어 서쪽의 파머 반도로 가게 될 것이다. 자칫하면 얼음에 둘러싸여 빠져나오지도 못한 채 엉뚱한 곳에서 발이 묶일지도 모른다. 그건 항해에 나선 섀클턴이 가장 두려워하는 상황이기도 했다.

인듀어런스 호의 뱃머리에서, 1914년 12월 9일

"흐린 날씨 때문에 시야가 좋지 않았고 4시 15분에 부빙이 다시 앞에 나타났다."
—헐리의 일기

12월 5일 아침에 사우스 조지아 섬을 출발한 인듀어런스 호는 이틀 뒤에 처음으로 부빙군을 만났다. 이후 6주 동안 배는 부빙군을 피해 멀리 돌기도 하고, 때로는 과감하게 밀고 나가기도 하며 조심스럽게 남쪽으로 내려갔다. 바나를 무려 250km나 뒤덮고 있는 엄청난 부빙군을 만난 적도 있었다.

"하루 종일 성을 공격하듯 나아갔다." 헐리는 12월 중순의 일기에 이렇게 적었다. "작지만 강한 우리의 배가 자랑스럽다. 우리의 적인 부빙을 멋지게 물리쳐버리는 이 싸움을 즐기고 있는 것 같다. 얼음과 부딪히면 깃봉에서 용골(배의 밑바닥을 세로로 가로지르는 길고 큰 목재—역주)까지 배 전체가 부르르 떤다. 그러고는 곧바로 뱃머리를 들이밀고 나아가며 쐐기처럼 얼음을 공격하여 길을 만든다."

크리스마스 이브에는 모든 대원들이 파이와 푸딩을 먹고 노래를 부르며 파티를 벌였다. 1914년의 마지막 날, 드디어 배는 고요한 바다에 환상적인 빛이 쏟아지는 남극권(남위 66도 33분 이남-역주)으로 들어섰다. 자정이 되자 모든 대원들이 손을 잡고 '올드 랭 사인'을 부르며 1915년 새해를 축하했다.

1월 10일. 남위 72도 지점에 이르자 중요한 이정표인 '코우츠 랜드(웨들해 남쪽 해안의 지명-역주)'의 모습이 드러나기 시작했다. 이제 바셀 만까지는 불과 1주일 거리였다. 횡단 팀에 속한 대원들이 본격적으로 탐험 준비를 했다.

1월 13일. 육지가 멀지 않은 얕은 바다에서 배가 부빙들의 틈새에 갇혔다. 트인 바다로 나가기 위해 한동안 애를 쓰던 섀클턴은 결국 배를 멈추고 물길이 열리기를 기다리기로 했다. 다음 날인 14일까지도 배는 여전히 정지 상태였지만 기온은 영하 4도로 사우스 조지아 섬을 떠난 이후 가장 높게 올라갔다. 계속 사진 찍을 대상을 찾던 헐리는 당시의 주변 모습을 다음과 같이 묘사했다.

> 짙푸른 바닷물에 빙산과 부빙의 모습이 반사되었고, 햇빛을 받아 그림자를 드리우며 반짝이는 거대한 얼음은 남극에서 본 장면 가운데 가장 아름다웠다.

1월 15일. 훈훈한 바람이 불면서 부빙들 사이로 드디어 물길이 열리기 시작했다. 대원들은 서둘러 돛을 올리고 남쪽을 향해 빠른 속도로 나아갔다. 그리하여 자정 무렵엔 거대한 빙하의 돌출부에 의해 형성된 작은 만(灣)에 이르렀다.

인듀어런스 호는 밤새 이 빙하의 앞부분을 따라 이동했으며, 새벽녘엔 크레바스가 심한 또 다른 빙하에 도착했다. 높이가 100m나 되는 절벽이 있는 거대한 빙하였다. 오전 8시 30분. 커다란 부빙과 엄청나게 큰 빙산이 좌우를 가로막으면서 인듀어런스 호의 항해가 상륙 직전에 중단되어버릴 위기에 처했다. 밤이 되자 엄청나게 강한 바람이 세상을 으스러뜨릴 듯 맹렬하게 불어오기 시작했다.

1914년 12월 21일에 관찰된 빙산

"오전 10시에 물길을 따라 갔는데
웅장한 모양의 거대한 빙산이 표류하고 있었다.
높이가 600m나 되는 쐐기 모양의 빙산을 찍었다."
— 헐리의 일기

가벼운 눈이 내린 갑판

"개들이 개집보다 눈 덮인 갑판에서 자는 것을 더 좋아하다니, 정말 근사하다."
―오들리의 일기

    18일 아침이 되자 바람이 약간 잦아들었다. 인듀어런스 호는 돛을 올리고 빙하 아래로 열린 긴 물길을 따라 천천히 나아갔다. 그러나 오후가 되자 다시 거대한 부빙들이 앞을 가로막았다. 간신히 그 틈새를 헤치고 넓은 바다로 나왔지만 불과 30~40km 앞에 더 크고 넓은 부빙군이 기다리고 있었다. 지루하더라도 물길이 다시 열릴 때까지 기다리는 것 외에는 다른 방법이 없는 상황이었다.

    "목적지로 삼은 바셀 만에서 불과 130km 거리에 있다." 힐리는 이렇게 적었다. "단조로움이 우리를 짓누르고 있어 모두 빨리 그곳에 가고 싶어 한다."

조타수에게 지시를 내리는 워슬리

워슬리 선장이 조타수에게 신호를 보내 지시를 내리고 있다.

하지만 아침이 되면서 상황은 더욱 심각해졌다. 밤사이에 얼음이 배 주변을 완전히 포위해버린 것이다. 따로따로 떨어져 있던 부빙들이 강풍으로 인해 한데 얼어붙으면서 주위가 온통 얼음 벌판으로 변해버렸고, 망대 꼭대기에서 둘러봐도 바닷물은 전혀 보이지 않았다. 이제 바셀 만은 채 하루도 걸리지 않는 곳에 있었지만 배는 단 1m도 앞으로 나아갈 수 없는 상황이었다.

1월 24일 밤. 얼음 사이에 작은 틈이 생기면서 배에 직각으로 물길이 열렸다. 그러나 그 길이는 겨우 100m에 불과했다. 돛을 올리고 전속력으로 질주했지만 두터운 얼음을 뚫고 나가기엔 역부족이었다. 대원들이 직접 얼음 위로 내려가서 칼과 쇠지렛대로 얼음을 잘라내며 물길을 만들려 했지만 부질없는 짓이었다.

"얼음에 갇혔다. 조금도 움직일 수 없다."

"여전히 단단함. 길이 열릴 징후가 전혀 없음."

"물길이 다시 막혔음."

"여전히 단단함."

3주 동안 대원들의 일기는 온통 이런 내용들로 채워졌다. 얼어붙은 부빙군을 바람이 쪼개줄지도 모른다는 실낱같은 기대도 더 이상은 남아 있지 않았다. 얼음에 갇힌 인듀어런스 호는 웨들해의 해류에 밀려 부빙군과 함께 표류했다. 섀클턴이 그토록 우려했던 최악의 상황이 기어이 현실로 닥치고 말았던 것이다.

배는 육지에서 점점 더 멀어졌다. 그리고 겨울은 점점 더 다가왔다. 남극의 겨울이 얼마나 혹독한지 겪어보지 않은 사람은 모른다. 과학자와 선원들은 남극 탐험을 함께할 준비는 되어 있었지만 남극의 겨울을 함께 보낼 준비는 전혀 되어 있지 않았다.

"여름이 지나갔다." 섀클턴은 이렇게 적었다. "여름이 너무 짧았다……. 물개가 사라졌고 새들도 떠났다. 날씨가 좋은 날에는 먼 수평선에 아직 육지가 보였지만, 지금 우리는 그리로 갈 수가 없다."

부빙 사이의 인듀어런스 호
"부빙은 자연이 만들어낸 거대하고 끝이 없는 조각 그림이라 할 수 있다."
—섀클턴 자서전 《사우스》

    2월 24일, 섀클턴은 항해 중단을 명령했다. 어쩔 수 없는 일이었다. 얼음에 붙박힌 인듀어런스 호는 더 이상 배이기를 포기한 채 대원들의 월동기지가 되었다. 이제 좋건 싫건 이곳에서 겨울을 보내야 했고, 그사이에 무슨 일이 일어날지는 아무도 알 수 없었다.
    섀클턴의 심정은 참담했다. 그는 이번 탐험에 자기의 모든 것을 걸고 있었다. 마흔이 넘은 나이, 그리고 전쟁 중인 유럽. 이번에 실패하면 남극 탐험에 나설 기회는 더 이상 주어지지 않을 게 분명했다. 봄이 되어 얼음이 녹으면 탐험을 재개할 수도 있겠지만, 섀클턴은 날이 갈수록 그것도 불가능하게 된다는 것을 잘 알고 있었다.

인듀어런스 호 주변의 얼음 제거 작업

1915년 2월 14일과 15일, 앞쪽 약 400m 지점에
물길이 나타났고 대원들은 그곳까지 길을 만들기 위해
부단히 작업했다.

얼음 깨는 장면

"모든 대원이 달려들어 얼음을 깨서 배가 지나갈 길을 만들었다. 자정까지
모두 얼음을 깼다. 도저히 물길을 만들 수 없어 할 수 없이 작업을 중단하기로 결정했다."
—헐리의 일기

인듀어런스 호 주변의 얼음을 깨는 대원들

"무게가 300~400kg에 달하는 얼음덩어리를
물 밖으로 들어올려 부수는 데에는 많은 노력이 필요하다."
―오들리의 일기

"초조하고 미칠 것만 같았다." 알렉산더 맥클린은 일기에 이렇게 적었다. "그러나 섀클턴은 진정으로 위대한 모습을 보여주었다. 전혀 화를 내지 않았고 실망하는 모습을 보이지도 않았다. 그저 얼음 위에서 겨울을 보내야 한다고 짤막하게 말할 뿐이었다. 그는 절대 비관적인 모습을 보이지 않고 겨울을 준비했다."

조타수인 허버트 허드슨은 가장 가까운 송신기지가 있는 포클랜드로부터 무선 신호를 받으려고 노력했지만 당시의 무선 기술은 그런 '기적'을 허락하지 않았다. 탐험대는 육지가 보이지 않는 곳에 있있고, 그들이 어디에 있는지 아는 사람은 아무도 없었다.

얼음에 갇힌 인듀어런스 호
헐리는 얼음이 파도 모양이라고 생각했다.

한여름의 석양, 1915년 2월

"환상적인 저녁이다. 반짝거리는 서리가 대기를 가득 채웠다."
—헐리의 일기

얼음을 헤치고 나가는 인듀어런스 호
워슬리는 이 사진에 "젊음을 자랑하는 인듀어런스 호"라는 제목을 붙였다.

항해 중단, 1915년 1월 14일

"온종일 부빙에 갇혀 꼼짝도 못 했다. (…) 날씨가 굉장했다.
사우스 조지아 섬을 떠난 이래 가장 좋은 날이다.
두 번째로 태양이 반짝인 날이었다." —헐리의 일기

1915년 1월 14일

"깨지고 부서진 모습이 부빙이 아닌 세락(seracs, 빙하의 급경사가 완만해지기 시작하는 지점에 생기는 톱니처럼 울퉁불퉁한 얼음) 같았다. 5~6m나 높이 솟은 거대한 얼음덩어리는 얼음의 엄청난 압력과 힘을 보여준다." —헐리의 일기

1월 14일, 남위 74도 10분 서경 27도 10분

얼음 위로 산책 나온 대원들.

부빙, 1915년 1월 20일

인듀어런스 호가 결국 얼음에 갇힌 날. "이제 겨우 130km 남았는데,
바람은 여전히 북동 방향에서 불고 얼음은 더욱 단단해지고 있다." —맥니쉬의 일기

얼음에 포위된 인듀어런스 호.
1월 24일 밤, 앞쪽에 물길이 나타났다.
"오늘 오전 9시에 모든 돛을 올리고 증기를 최대로 하여
넓은 바다가 나오기를 희망하며 전속력으로 달렸지만 결국 실패했다."
—오들리의 일기

3부

침몰

얼음에 갇힌 인듀어런스 호. 1915년 10월 19일

"순간적으로 배가 던져지는 것 같았다. 거대한 부빙들이 우리의 용감한 배를 계속 찍었다."

―헐리의 일기

영하 22도. 맹렬한 눈보라와 함께 3월이 시작되었다. 한참 만에 날씨가 개자 이번엔 얼음이 삐걱거리는 소리와 바람 소리가 사방을 가득 메웠다. 부빙이 반사하는 빛 때문에 대원들은 한밤중에도 제대로 잠을 이루지 못했다. 봄이 되어 얼음이 녹으려면 10월까지 약 7개월을 기다려야 했다.

단조롭고 지루한 생활이 하루하루 이어졌다.

남극 겨울의 으스스한 고요와 기나긴 어둠이 주는 독특한 심리적 영향을 섀클턴은 경험을 통해 잘 알고 있었다. 지금 가장 시급한 것은 대원들이 겨울을 날 수 있는 쾌적한 숙소를 만드는 것이었다.

섀클턴은 맥니쉬를 시켜서 갑판 사이에 있는 창고를 선실로 개조했다. 3월 11일에 새로운 숙소로 거처를 옮긴 대원들은 그곳을 '리츠(고급 호텔의 이름을 딴 것-역주)'라고 불렀다. 대략 1.8m×1.5m 크기의 작은 선실마다 두 명이 들어갔으며, 각각의 방에는 '빌라봉(물이 새지 않는 곳)' '앵커리지(은둔처)' '세일러스 레스트(선원 휴게실)'와 같은 다양한 이름들이 붙었다.

리츠는 따뜻했으며 아늑하고 편안했다. 하지만 크린, 와일드, 마츤, 워슬리는 리츠보다 훨씬 추운 일반 선원용 선실에 머물렀다. 섀클턴 역시 선장실에 그대로 남았는데, 그곳은 인듀어런스 호에서 가장 추운 곳이었다. 개들 역시 배 주변에 얼음으로 만든 '도글루(개dog와 에스키모의 집igloo의 합성어-역주)'로 숙소를 옮겼다.

일요일 저녁, 리츠에서의 주간 음악 감상회

일부 대원은 축음기가 얼음의 압력 공격을 부른다고 생각했다.

일반 선원 선실의 모습

우쿨렐레를 연주하는 하우와 그 옆의 스티븐슨, 테이블 주변의 홀리스, 빈센트, 블랙보로, 맥리오드(왼쪽부터).

1915년 동짓날 아침

불을 만들 얼음덩어리를 들고 있는 블랙보로(왼쪽 뒤)가 보인다. 오른쪽에서 과학자들이 일을 하고 있다.

체스 게임에 빠진 허시와 헐리(불침번)

"허시와 나는 불침번이었다. 밤새 우리는 체스 게임을 했다. 두 사람 모두 체스광이었고, 체스는 우리의 굳어진 머리를 훈련시키는 데 도움이 된다." —헐리의 일기

물웅덩이로 가는 길

얼음더미를 줄로 묶어 연결하여 눈보라가 몰아쳐도
길을 잃지 않고 갈 수 있도록 했다.

얼음 위에서의 축구

얼음에 갇힌 상태에서 가장 인기가 좋았던 오락. 스코틀랜드 출신인 맥클린과 클라크가
가장 뛰어난 축구 선수였다. '좌현 팀' 대 '우현 팀'의 경기.

배 주변의 개집

"개들은 배에서 내리자 모두 좋아했다. 얼음덩어리와 눈으로 이글루,
아니 '도글루'를 만들었다. (…) 개줄 한쪽 끝은 얼음에 파묻었다." —헐리의 일기

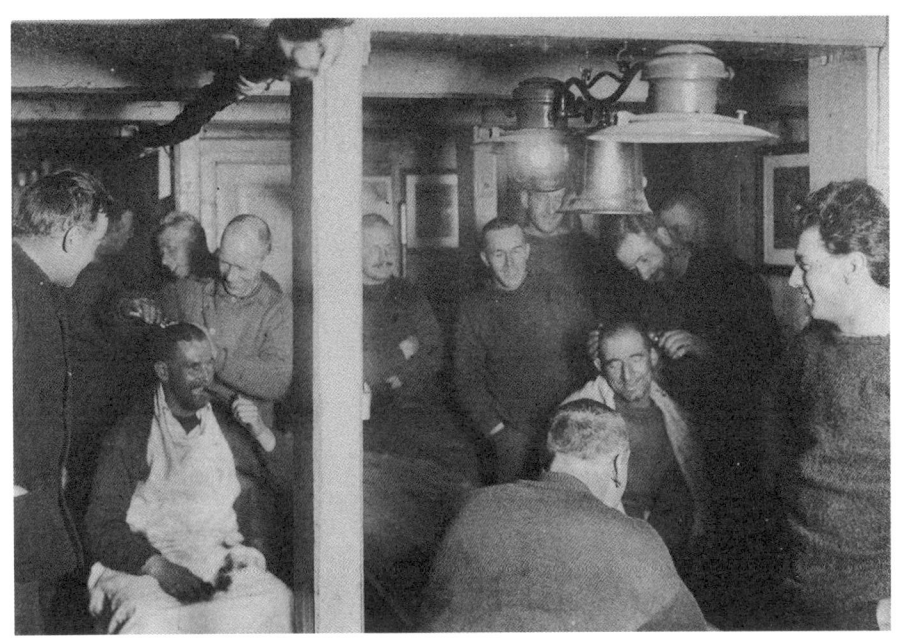

이발 토너먼트

"오늘은 날씨가 어두워서 개를 데리고 나갈 수 없었다.
우리는 모두 이발을 한 후에 리츠에서 사진을 찍었다.
우리는 마치 죄수처럼 보였는데, 지금 생활을 생각하면 그다지 죄수와 다를 바가 없긴 하다."
―맥니쉬의 일기

대원들은 개를 훈련시키기도 하고, 가끔 물개를 잡기도 했으며, 얼음 너머 저편으로 하이킹을 가기도 했다. 하지만 3월 말이 되자 밤이 낮보다 훨씬 길어지기 시작했고, 4월 중순부터는 하루의 대부분을 캄캄한 어둠 속에서 보내야 했다.

5월 1일, 태양이 완전히 사라졌다. 이제 앞으로 4개월 동안은 해를 전혀 볼 수 없을 것이다. 대원들의 바깥 활동이 중단되면서 온갖 종류의 오락이 개발되기 시작했다. 새로운 놀이를 하나 만들 때면 리츠 전체가 온통 시끌벅적하게 변하곤 했다. 5월 말엔 모든 대원들이 겨울의 광기에 굴복하여 머리를 바싹 깎으며 야단

헐리의 슬라이드 쇼

"헐리가 뉴질랜드의 모습이 담긴 슬라이드 쇼를 선보였다.
유일한 뉴질랜드인인 나는 그곳이 어떤 곳인지를 대원들에게 열심히 설명했다.
마지막으로 몇몇 대원들과 함께 마오리 춤을 추었다."
―워슬리의 일기

법석을 떨었고, 헐리는 그 순간을 사진에 담았다.

신비롭고 아름다운 남극의 겨울밤은 대원들로 하여금 이 거칠고 험한 세계로 모험을 떠난 이유를 다시 생각하게 했다. 얼어붙은 바다 위로 떠오른 달은 동화처럼 신비로웠고, 밤하늘의 완벽한 어둠 속에서 빛나는 별은 상상할 수 없으리만치 밝은 빛을 내뿜었다. 가끔은 수평선 위로 숨막히게 아름다운 오로라가 나타나기도 했다.

대원들의 일기를 보면 정도의 차이는 있지만 전반적으로 만족스러운 모습을 찾아볼 수 있다. 매일매일 지루하게 되풀이되는 일상이 스트레스를 주긴 했지만 특별히 문제가 될 만한 마찰이나 불화는 없었다. "서로 관심 분야가 다르고 대원 대부분의 개성이 뚜렷하며 생활방식도 달랐지만, 우리 모두는 이곳에서 행복한 생활을 이어가고 있다"라고 오들리는 일기에 적었다.

인듀어런스 호의 이 같은 평화는 결코 우연이 아니었다. 섀클턴이 대원을 뽑았던 방식을 보면 그런 사실이 확연히 드러난다. 제임스가 면접 장소에 나타났을 때 이 위대한 탐험가는 탐험 경력이나 과학 지식 따위는 전혀 묻지 않고 느닷없이 노래를 부를 수 있느냐고 물어 상대를 당혹스럽게 했다.

"카루소(이탈리아의 오페라 테너 가수―역주)처럼 노래를 잘 불러야 한다는 뜻은 아니오." 섀클턴이 말했다. "다른 대원들과 함께 마구 소리를 지를 수는 있겠지요?" 이 질문은 매우 적절한 것이었음이 훗날 증명되었다. 섀클턴이 원했던 건 화려한 경력의 이력서가 아니라 '마음 자세'였던 것이다.

섀클턴은 규율을 특별히 강조하지 않았지만 모든 일은 그의 동의를 받아 이루어졌다. 대원들은 그의 말이 '명령'이어서라기보다는 합리적이라고 생각했기 때문에 그에게 복종했다. 그는 늘 공정했으며, 의복을 비롯한 모든 물품을 선발대나 고급 대원들보다 일반 대원들에게 먼저 분배했다. "일반 대원의 물품이 먼저 떨어지는 경우는 없었다"라고 워슬리는 일기에 적었다.

헐리와 맥클린

"두 명당 하나씩 두꺼운 칸막이로 된 1.8m×1.5m 크기의 선실이 생겼다." — 오들리의 일기
'빌라봉'에는 맥클린, 허시, 맥클로이, 헐리가 차지한 두 개의 선실이 있었다.

인듀어런스 호의 선실

새클턴의 야망이 담긴 깔끔한 선실

겨울 운동에서 돌아온 클라크

스키를 들고 메인 출입구로 들어가고 있다.

개들을 위해 고래 기름을 끓이고 있는 맥클린과 그린스트리트

아픈 개들을 격리하고 치료할 수 있는 도글루도 있었다.

불침번과 친구들

불침번은 리츠, 상갑판 선실, 일반 선원 선실,
새클턴의 선실에 불이 꺼지지 않게 하고 개들이
헤매지 않도록 지켜보아야 했다. 하지만 가장 중요한 임무는
얼음의 변화 상태를 주시하는 것이었다.

섀클턴은 말썽을 피우는 사람은 필요에 따라 다른 방법으로 다루었다. 갑판장 존 빈센트는 대원들 중에서 가장 크고 힘이 셌으며 으스대기를 좋아하는 트롤어부였다. 어느 날 대원 한 명이 섀클턴에게 갑판장의 부당한 행동을 지적했다. 섀클턴은 즉시 빈센트를 불렀고, 부들부들 떨면서 섀클턴의 방을 나온 빈센트는 더 이상 문제를 일으키지 않았다. 섀클턴은 이런 일에 절대 다른 사람의 힘을 빌리지 않았다.

대원들의 사기 진작에 힘이 되었던 또 다른 인물은 부대장인 프랭크 와일드였다. 그에 대해 나쁜 말을 하는 사람은 아무도 없었다. "특별한 매력도 없고 사람 다루는 요령도 없었지만, 그는 자기가 원하는 대로 사람들을 움직인다." 오들리는 이렇게 적었다.

졸지에 '배 없는 선장'이 되어버린 프랭크 워슬리는 한참 힘이 올라 주체할 줄 모르는 썰매견과 비슷했다. 사실 그만큼 모든 면에서 탐험을 완벽하게 즐긴 사람도 드물다고 할 수 있다. 그는 선실이 너무 답답해서 영하 18도의 통로에서 잠을 잔다고 우겨댔으며, 얼음 위에서 눈으로 목욕을 하면서 선원들이 놀라는 모습을 즐기기도 했다. 섀클턴과 마찬가지로 그 역시 숨겨진 보물 탐사나 불가능한 모험을 꿈꾸는 낭만주의자였으며, 누구 못지않게 뛰어난 뱃사람이었다.

즐거운 분위기를 만들려고 노력했지만 과학자들에게는 아주 힘든 시간이었다. 물리학자인 레지널드 제임스는 성실하고 과묵한 전형적인 학자였으며, 자기 분야 외에는 모든 일에 서툴렀다. 얼음으로 만든 그의 물리 실험실을 대원들은 '피즐루(물리학physics과 이글루igloo의 합성어—역주)'라고 불렀다.

지질학자 제임스 워디는 뛰어난 유머 감각과 악의 없는 장난으로 대원들 사이에서 인기가 높았다. 반면 생물학자 로버트 클라크는 말수가 적고 무뚝뚝한 인물이었다. 그는 얼음에 갇힌 상태에서도 늘 연구에 몰두했으며, 틈만 나면 펭귄 껍질을 벗기고 해부했다. 대원들 사이에서는 그가 동물의 위장에서 금을 찾고 있다는 희한한 소문이 돌기도 했다.

제임스 워디

"그 역시 글래스고 출신의 스코틀랜드인이다. (…) 여러 면에서 가장 원만하고 인기가 좋다. 사람을 가리지 않는다." —오들리의 일기

로버트 클라크

"어느 날 우리는 이상하게 생긴 펭귄 무리를 보았다. (…) 클라크는 그 펭귄을 보고 굉장히 흥분했다. 무뚝뚝한 애버딘 출신이 보여줄 수 있는 가장 흥분된 모습이었다." —맥클린의 일기

레오나르드 허시

"허시가 할 일은 별로 많지 않았다. 그의 야간 관측 작업을 불침번들이 대신 해주었기 때문이다. 하지만 그가 밖에 나오고 싶어 하지 않는데 우리가 나오라고 부르면, 그는 항상 기상 관측 업무가 너무 힘들다고 불평했다." —맥클린의 일기

알렉산더 맥클린

믿음직하고 성실한 맥클린은 남극 횡단 탐험대 가운데 유일한 남극 '초보자'였다.

허드슨과 어린 황제 펭귄, 1915년 1월 12일

허드슨은 펭귄 사냥의 귀재였다.

헐리

스틸 카메라와 비디오 카메라를 오가며 촬영했다.

조리실에서 요리를 위해 펭귄 껍질을 벗기고 있는 그린

그린은 새벽부터 저녁 식사 때까지 끊임없이 일을 했다. 제빵사의 아들이었던 그는
얼음 위에서 펭귄을 잡고 껍질을 벗기는 일뿐 아니라, 하루에 빵 12덩이를 구워야 했다.

배 밖의 얼음 구멍을 확인하는 남자

아마도 얼음 위에서 내내 표본 채집을 위한 얼음 제거 작업을 계속했던 클라크일 것이다.

탐사 중인 워슬리와 제임스

"워슬리와 제임스는 대형 망원경을 설치하고 별을 관찰해서 정확한 시간을 알아낼 수 있었다."
―맥클린의 일기

얼음에 갇힌 인듀어런스 호, 1915년 4월 4일

"밤마다 얼음이 동쪽에서 삐걱거리는 소리가 들렸고,
아침에 보니 얼음이 3~4m 높이로 쌓여 있었다. 앞으로 닥칠 위험의 징조였다."
―섀클턴 자서전 《사우스》

사진을 찍고 있는 헐리

런던 태생의 기상학자 레오나르드 허시는 수단에서 고고학자로 일하다가 인듀어런스 호에 지원했다. 하지만 과학에 대한 그의 열정은 다른 과학자들만큼 크지는 않았던 것 같다. "변덕스러운 날씨는 허시를 당혹스럽게 했다." 오들리는 이렇게 적었다. "그가 날씨를 예측하고 나면 항상 그 반대로 되었기 때문이다."

한가한 대부분의 대원들과 달리 몇몇 대원은 계속 바쁜 시간을 보냈다. 요리사인 찰스 그린과 주방 보조인 블랙보로는 이른 아침부터 밤늦게까지 28명분의 식사를 만드느라 분주했으며, 맥니쉬 또한 놀고 있는 경우가 거의 없었다. 뛰어난 목수였던 그는 배의 여기저기를 다니며 탁자, 서랍, 개집, 갑판 등을 만들고 수리했다.

"그의 손을 거친 것은 모두 훌륭한 모습으로 다시 태어났다." 맥클린은 맥니쉬의 솜씨를 이렇게 칭찬했다. "자로 재는 경우는 거의 없었다. 그저 일감을 한번 쓱 보고 가서 나무를 자르는데도 항상 1mm의 오차도 없이 완벽하게 맞았다."

프랭크 헐리는 탐험 계획의 차질에 전혀 영향을 받지 않았다. 인듀어런스 호가 처음 부빙군 속에 들이갔을 때 그는 넓은 비디를 뒤로한 채 얼음을 배경으로 배의 돛대와 활대가 십자가를 이루는 대담하고 추상적이며 훌륭한 사진을 찍었다. 남극 전체를 흰 캔버스로 삼고 그 위에 인듀어런스 호와 그림자가 만들어낸 선을 잡아낸 그 사진은 당시 대원들이 처했던 상황과 그들의 감정상태를 정확하게 보여준다.

1년 중 가장 어두운 6월이 시작되었다. 정오 무렵의 짧은 희미함과 밤중의 달빛을 제외하면 빛이라고는 전혀 존재하지 않았다. 기온은 영하 30도까지 떨어졌고, 며칠 전까지만 해도 맑았던 얼음 사이의 물도 밤사이에 15cm 정도의 두꺼운 얼음이 되었다.

완벽한 고요와 어둠이 이어지던 6월 9일, 엄청난 압력이 터져나왔다. 500m가량 떨어진 곳에서 거대한 얼음덩어리들이 서로 부딪치며 으르렁거렸고, 멀리서 대포를 쏘는 듯한 굉음이 들렸다.

갑판의 섀클턴과 높이 올라간 헐리

"헐리는 카메라를 들고 부지런히 돌아다니며 사진을 찍었다.
그는 부빙의 장관을 찍기 위해 높이 올라가 활대 끝에 카메라를 설치했다."
―매클린의 일기

프랭크 워슬리 선장

"선장은 우리가 들른 모든 항구에서 '남극 탐험을 떠나는 어니스트 섀클턴 경의 인듀어런스 호'라고 외치고, 선실이 너무 비좁아 통로에서 자야겠다고 말하고는 했는데, 실제로 그는 통로에서 잠을 잤다. 별난 성격이기는 했지만 빈틈이 없었다." —오들리의 일기

손전등을 들고 밖으로 나간 몇몇 대원들은 무게만 해도 각기 수 톤이나 되는 거대한 얼음들이 서로 포개진 채 4~5m 높이로 쌓여가는 것을 목격했다. 굉음은 6월 12일까지 계속되었지만 날씨가 좋지 못해 더 이상의 조사 작업은 불가능했다.

6월 12일. 무시무시한 강풍이 불어닥치며 이튿날까지 심한 눈보라가 이어졌다. 주변의 얼음들이 가하는 압력으로 인해 배가 심하게 삐걱거리며 흔들렸다. 와일드와 워슬리가 섀클턴의 방을 찾았다.

워슬리는 이때의 상태를 다음과 같이 회상했다. "바람이 세차게 불었다. 마치 살인을 당하는 사람이 공포에 질려 외치는 소리처럼." 일시적으로 바람이 잠잠해지는 순간, 세 사람은 얼음이 뾰족한 이빨로 배의 옆구리를 갉아대는 소리를 들었다. 이제 섀클턴은 몇 개월 동안 혼자서 생각했던 것을 입 밖으로 꺼내야 했다.

"배가 견딜 수 없을 거야, 선장."

작은 선실 안을 왔다 갔다 하던 그가 걸음을 멈추었다.

"이제 시간문제일 뿐이니까 마음의 준비를 하는 것이 좋아. 몇 개월이 될 수도 있고, 몇 주가 될 수도 있고, 단 며칠이 될 수도 있어……."

워슬리는 아득한 절망감을 느꼈다. 언젠가 이 배를 정말로 버려야 하는 사태가 올지 모른다는 사실을 좀처럼 받아들이기 힘들었다. 그는 어쩌면 섀클턴보다도 훨씬 더 낙천적인 사람이었다.

하지만 섀클턴은 조만간 다가올 사태를 이미 알고 있었고, 와일드 역시 같은 생각을 하고 있었다. 잠시 후, 세 사람은 회의를 끝내고 마치 아무 일도 없었다는 듯 다시 일상생활로 돌아갔다.

7월 21일. 강풍이 몰아치면서 인듀어런스 호가 장난감 배처럼 이리저리 흔들렸다. 거대한 얼음이 좌현을 집중적으로 때리며 앞뒤 양쪽에서 배를 공격하기 시작했다. 거대한 손아귀가 버찌씨를 쥐어짜듯 배 주변 여기저기에서 얼음덩어리가 튀어올랐다.

겨울의 끝, 1915년 8월 1일

"거대한 얼음덩어리가 떠밀려오고 서로 부딪치면서
우리를 향해 덤벼들 듯하여 아주 위험해져가고 있다." —헐리의 일기

얼음꽃으로 뒤덮인 얼음 사이의 물길—초봄

"어제와 마찬가지로 상황이 좋아 아침에 카메라를 들고 나가 얼음 사이의 물길에 핀 얼음꽃을 찍었다. 아침 햇살에 반짝이는 이 얼음꽃은 분홍색 카네이션이 만발한 꽃밭을 닮았다." —힐리의 일기

다시 뜨는 태양

"밤사이에 서리가 엄청나게 생겨 장비 대부분을 두껍게 덮었고, 일부 로프는 직경이 7~8cm가 넘을 정도였다. 아주 아름다웠다." —헐리의 일기

썰매 준비

"썰매 장비는 아문센이 사용한 것과 비슷했다. 개들에게 가죽 목걸이를 걸고 배 부분을 단단히 조였다."
―헐리의 일기

얼음 위에서 훈련하는 장면

"노련한 리더는 거칠고 험한 얼음 사이에서 가장 좋은 길을 잡아 나가며, 개들이 서로 싸우지 못하게 하고, 쓸데없는 짓에 빠지지 않는다. (…) 9마리 개가 한 팀을 이루어 약 500kg 무게의 짐을 끌 수 있다."
―헐리의 일기

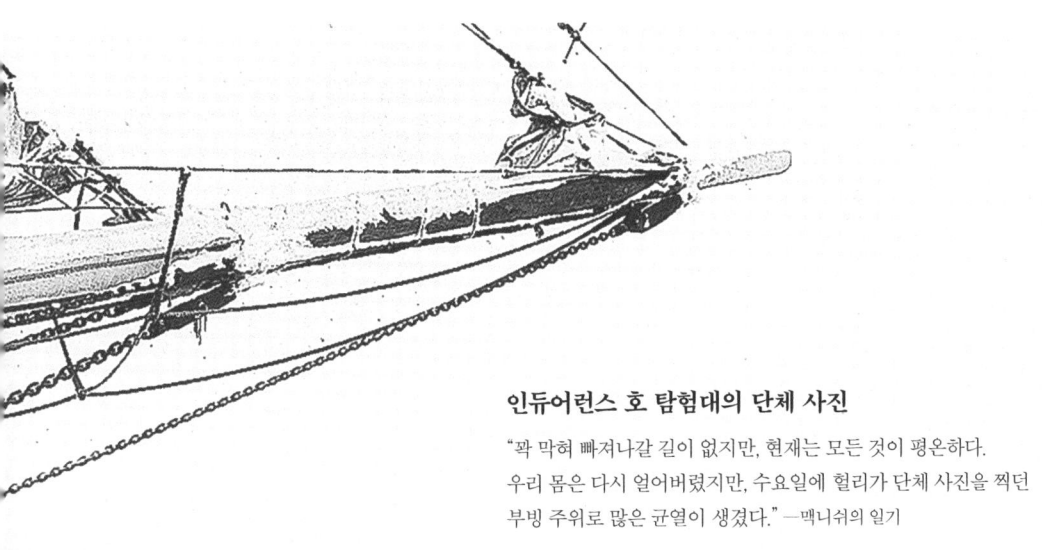

인듀어런스 호 탐험대의 단체 사진

"꽉 막혀 빠져나갈 길이 없지만, 현재는 모든 것이 평온하다. 우리 몸은 다시 얼어버렸지만, 수요일에 헐리가 단체 사진을 찍던 부빙 주위로 많은 균열이 생겼다." —맥니쉬의 일기

썰매 경주

"어떤 대원은 모든 개가 숨을 멈추고 달려갈 것이라고 생각했으니, 그 팀의 개들은 심장병에 시달렸을 것이다. 신경이 날카로워진 개들이 썰매를 끌고 달리는 동안 개들에게 무시무시한 소리를 질러대는 사람도 있었다. 화가 난 개 주인이 그의 목소리가 예민한 개들에게 공포감을 준다며 소리를 질렀다."

—워슬리의 일기

어둠 속의 인듀어런스 호

1915년 8월 27일. "밤에 배의 모습을 찍었다. 플래시가 약 20개 필요했으며, 튀어나온 빙구 위에 하나씩 설치했다. 배 자체만 충분히 밝히는 데 플래시가 10개 이상 필요했다. 플래시 사이를 다니다 빙구 사이에서 균형을 잃어 뾰족한 얼음에 부딪히고 깊은 눈구덩이에 빠졌다." —헐리의 일기

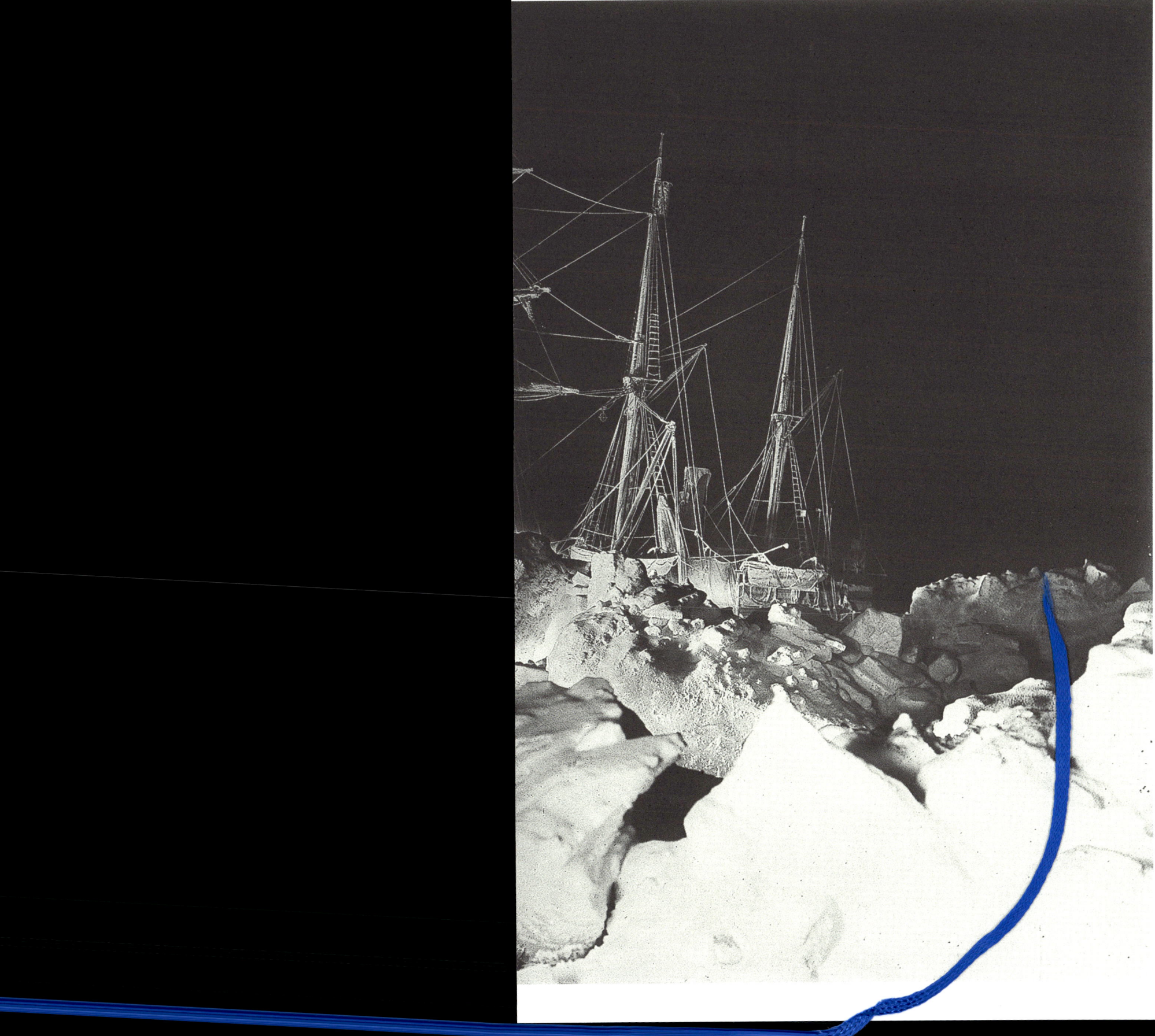

바람은 3일 만에 겨우 잦아들었다. 그새 인듀어런스 호는 강풍을 타고 북쪽으로 60여 km나 이동한 상태였다. 선실 천장의 목재가 휘어지고 갑판보가 심하게 뒤틀리는 손상을 입긴 했지만 배는 아직 무사했다.

"이렇게 작은 배가 그런 엄청난 사태를 견디고 살아남았다는 사실이 믿어지지 않는다." 오들리는 이렇게 적었다. "키는 부서졌고 배는 옆으로 훨씬 더 기울어졌다. 거대한 얼음덩어리가 갑판 높이만큼 쌓였기 때문에 몇 걸음이면 밖으로 나갈 수 있고, 바깥에는 얼음덩어리로 만들어진 복잡한 미로가 기다리고 있다."

어쨌든 인듀어런스 호는 살아남았고 무시무시한 압력도 사라졌다. 겨울이 물러가면서 낮의 길이가 조금씩 길어져 이젠 하루에 몇 시간씩 햇볕을 쬘 수도 있었다. 예전 같은 생활이 시작되면서 대원들의 사기도 조금씩 높아졌다.

8월 말까지는 별다른 사고 없이 무사했다. 일출 때가 되면 얼음이 분홍빛으로 아름답게 물들었고, 부빙 사이의 물줄기를 따라 형성된 정교한 얼음은 화려한 카네이션 꽃밭을 연상시켰다. 8월 27일 밤, 영하 31도의 날씨에도 불구하고 헐리는 배 주변의 빙구(얼음으로 이루어진 작은 언덕-역주)에 카메라 플래시를 20개나 설치했다.

"플래시 사이를 돌아다니다가 빙구 사이에서 균형을 잃어 뾰족한 얼음에 부딪히면서 깊은 눈구덩이에 빠졌다." 그날의 상황을 헐리는 이렇게 적었다. 하지만 이날 밤에 그가 잡아낸 사진은 굉장한 것이었다. 서리를 허옇게 뒤집어쓴 인듀어런스 호가 얼음을 과감하게 가슴으로 받아치고 있는 것 같았다. 웅장하면서도 왠지 금세 부서져버릴 듯한 유령선 같은 모습이었다.

봄이 오고 있었다. 대원들은 배가 얼음에서 풀려나면 바셀 만으로 가서 탐험을 다시 시작하거나 아니면 보급품 확보를 위해 일단 문명 세계로 돌아가게 될 거라고 생각했다. '해빙' 시기를 놓고 내기를 하는 대원들도 있었다. 맥클로이는 11월 3일에 걸었고, 비관파인 오들리는 2월 중순이나 되어야 가능할 것으로 보았다.

섀클턴은 10월 2일이 얼음에서 탈출하는 날이라고 믿었다.

8월 26일 밤에 다시 압력이 밀려왔다. 며칠 동안은 별다른 위협이 되지 않았지만 9월 2일이 되면서 배가 심하게 기우뚱거리기 시작했다.

"9월 2일 밤. 나는 내 인생에서 가장 놀라운 순간을 경험했다." 베이크웰은 당시의 일을 이렇게 회상했다. "침상에 누워 있었는데…… 배가 공중으로 점프했다가 다시 곤두박질치는 것 같았다." 기관실의 철판이 휘었고, 문짝이 뒤틀렸으며, 갑판보는 잔뜩 부풀어 당장이라도 터져버릴 것만 같았다.

"배가 다시 똑바로 설 수 없을 거라고 생각했다." 맥니쉬는 이렇게 적었다. 하지만 다행히도 이번 압력은 그리 오래 지속되지 않았고, 맥니쉬는 심하게 손상된 조타실을 서둘러 수리했다. 섀클턴의 계산에 의하면 인듀어런스 호는 지금 가장 가까운 육지에서 400km 떨어진 곳에 있으며, 가장 가까운 문명 지역에서는 900km 이상 떨어져 있었다.

9월에는 더 이상의 위기 상황이 벌어지지 않았다. 하지만 멀리서는 항상 굉음이 들렸고 배 주변의 얼음도 계속 조금씩 움직였다. 대원들은 부빙 위에서 개를 훈련시키고 물개를 잡았으며 때로는 편을 갈라 축구 시합을 하기도 했다. 9월 20일엔 지금까지 경험한 것 가운데 가장 심한 압력이 밀려와 인듀어런스 호를 돛대에서 용골까지 마구 뒤흔들었지만 한 시간이 지나자 다시 잠잠해졌다.

10월 10일. 기온이 영하 2도까지 올라가면서 전체적으로 얼음이 질퍽하게 녹았다. 대원들은 리츠에 있던 짐을 꾸리기 시작했고 13일엔 예전 숙소로 복귀했다. 다음 날 밤에는 배 밑의 얼음이 깨지면서 9개월 만에 처음으로 인듀어런스 호가 물위에 떴다. 갑자기 불어닥친 강풍에 밀린 인듀어런스 호는 좁은 물길을 따라 약 100m가량을 움직였지만 이내 얼음이 다시 얼어붙기 시작했다.

부빙이 아직 단단하지 않은 상태였던 며칠 동안 섀클턴은 돛을 올리고 배를 얼음으로부터 탈출시키기 위해 몇 차례나 시도했지만 번번이 실패했다. 10월 16일 아침엔 배가 다시 부빙 사이에 끼면서 왼쪽으로 30도 가까이 기울어져버렸다.

갈라지고 있는 얼음, 1915년 9월 29일

"내 생일이다. 다음 생일은 집에서 보낼 수 있기를 간절히 바란다. 현재 좋은 미풍이 불고 있고, 배 앞 10m 부근에서 얼음이 갈라지고 있다. 바람이 이 상태로 잠시만 계속된다면 배가 지나갈 수 있는 길이 열릴 것이다." ―맥니쉬의 일기

넓어지는 균열

"8월 27일부터 시작된 균열이 어제 오후에는 약 60cm 너비로 커졌다. (…) 오후 6시에는 너비가 2m로 넓어졌고, 9시에는 다시 60cm 정도 더 넓어졌다. (…) 하지만 오후에 큰 변화가 생겼다. 2시 30분과 3시 30분 사이에 10m 정도 너비가 되었다. —워디의 일기

배의 좌현, 1915년 10월 19일

배 위에 기대어 있는 섀클턴은
이 사진의 제목을 '종말의 시작'이라고 불렀다.

개집과 개, 썰매 등이 모두 갑판을 가로질러 한쪽으로 쓸려가는 바람에 주위가 온통 난장판으로 변했다. 배가 균형을 되찾은 건 압력이 잦아들기 시작한 저녁 9시 무렵이었다.

굉음이 며칠간 계속되었고 배도 계속 흔들렸다. 하지만 이제 대원들은 이런 상황에 충분히 익숙해졌으며, 아주 심한 경우를 제외하고는 무심하게 지냈다. 워슬리는 이때의 심정을 이렇게 적었다. "우리가 아무것도 할 수 없는 상황에 지쳐버렸다." 해가 점점 길어져 이젠 낮이 22시간이나 되었다.

10월 24일. 저녁을 먹고 난 다음 오들리가 축음기를 트는 순간, 지진과 같은 엄청난 충격이 가해지며 배가 오른쪽으로 8도가량 기울었다. 대원들은 즉시 갑판으로 뛰어가 무슨 일이 벌어졌는지 살펴보았다. 뱃머리와 양 측면으로 압력이 동시에 밀어닥친 탓에 배가 심하게 뒤틀려 있었으며, 특히 선미재(배 뒷부분의 뼈대를 이루는 목재—역주)는 당장이라도 부러질 듯 위태롭게 휜 상태였다.

배 뒤쪽에서 바닷물이 쏟아져 들어왔다. 섀클턴은 즉시 기관실 펌프를 가동하라고 명령을 내렸지만 밀려드는 물을 당해내기엔 역부족이었다. 펌프질로 빼낸 물이 다시 들어오는 걸 막기 위해 대원들은 배 주변에 필사적으로 도랑을 파기 시작했다. 기관실에서는 맥니쉬가 허리까지 차오른 물속에서 허우적거리며 물막이 공사를 하고 있었다.

밤샘 작업 끝에 선미 전체를 가로막는 임시 물막이가 완성되었고, 그제서야 배는 겨우 안정을 되찾았다. "물이 기관실 바닥까지 찼지만 이제 더 이상 올라오지 않고 있다. 우리의 든든한 작은 배가 계속 항해할 수 있으리라고 믿어 의심치 않는다." 헐리는 안도의 한숨을 내쉬며 이렇게 적었다.

그날 저녁, 갑판에 있던 몇몇 선원들이 이상한 풍경을 목격했다. 어디선가 황제펭귄 8마리가 배를 향해 조용히 다가왔던 것이다. 이렇게 많은 황제펭귄들이 함께 몰려다니는 건 매우 드문 경우였다. 잠시 배를 바라보던 펭귄들은 갑자기 머리를 뒤로 젖히더니 섬뜩하고 기분 나쁜 소리로 길게 울부짖기 시작했다.

좌측으로 기울어진 모습

"오후 4시 45분에 배가 천천히 좌측으로 기울었다.
기관실에서 온갖 소리가 터져나왔고 붙잡아두지 않은 개집이
모두 한쪽으로 쏟아졌다……." ―워디의 일기

기울어진 인듀어런스 호

"갑자기 좌측 얼음이 깨지고 거대한 얼음 조각이 좌현 빌지(bilge, 배 밑바닥의 활처럼 휘어진 부분) 아래에서 쏟아져 올라왔다. 몇 초 사이에 배는 좌측으로 30도 정도 기울었다."
―섀클턴 자서전 《사우스》

"생전 처음 들어본 불길한 통곡 소리였다." 워슬리는 이때의 기분을 이렇게 적었다. "도저히 뭐라고 설명할 방법이 없다." 마치 펭귄들이 인듀어런스 호를 위해 장송곡을 부르는 것 같았다.

"저 소리 들었나?" 대원들 가운데 가장 미신적인 맥리오드가 낙담한 표정으로 맥클린에게 말했다. "이제 고향으로 돌아가긴 틀렸어."

10월 27일 오후 4시. 온종일 거세게 밀어닥치던 압력이 마침내 최고조에 달했다. 배가 한쪽으로 기우뚱거리며 쓰러지는 순간, 거대한 얼음이 키와 선미재를 맹수처럼 난폭하게 찢어버렸다. 갑판이 부서져 나가고 용골이 쪼개졌다. 바닷물이 콸콸 쏟아져 들어왔고, 마침내 모든 상황이 종료되었다. 배가 서서히 아래로 가라앉기 시작했다.

오후 5시. 섀클턴은 배를 포기하라는 명령을 내렸다. 개들을 대피시키고 모든 물품들을 얼음 위로 내렸다. 갑판 위에 서 있던 섀클턴은 떨어져 나간 엔진이 바닥에 나뒹구는 것을 기관실 위창을 통해 말없이 지켜보았다.

"도저히 글로 표현할 수가 없다." 섀클턴은 비통한 마음으로 기록했다. "뱃사람에게 배는 바다에 떠 있는 집 이상의 의미가 있다……. 비명을 지르고 부서지고 온몸에 지독한 상처를 입으면서, 인듀어런스 호는 천천히 삶을 포기하고 있었다."

헐리는 이미 물에 잠긴 리츠를 마지막으로 바라보았다. 어둠 속에서 뭔가 부서지는 소리가 요란하게 들려왔고, 그는 그제서야 정신을 차린 듯 서둘러 배에서 내렸다. 온갖 소리들로 뒤범벅이 된 아수라장 속에서도 휴게실에 걸린 시계는 여전히 똑딱거리고 있었다.

섀클턴은 마지막으로 배에서 내렸다. 그는 인듀어런스 호의 푸른 함기를 높이 들어올렸고, 얼음 위의 대원들은 다들 그 깃발을 향해 경의를 표했다. 인듀어런스 호의 붉은 비상등이 마지막 인사처럼 조용히 깜박거렸다.

인듀어런스 호의 침몰

"하루 종일 얼음이 요동쳤고 나는 배 위에서 사진을 찍었다. 돛대가 부서지는 장면을 찍었다. 저녁이 되자 목적을 달성했다고 생각했는지 얼음이 다시 조용해졌다."

—헐리의 일기

인듀어런스 호의 침몰

"지난 12개월 동안 우리의 집이었던 배에 끔찍한 재난이 닥쳤다. (…)
우리는 집을 잃었고 얼음 위에 남았다."―헐리의 일기

＃ 4부

캠프 페이션스

'종말'

섀클턴은 《사우스》에서 이 사진의 제목을 '종말'이라고 적었다.

> 인듀어런스 호의 대원을 위해, 1914년 5월 31일
> 주님께서 육지와 바다의 모든 위험으로부터 너를 보호하시고
> 네 임무를 완수하도록 도우시리라.
> "깊은 곳에서 주님의 역사와 권능을 보게 되리라."
> — 알렉산드라 황태후가 탐험대에 선물한 성경책 여백에 쓰인 글

대원들은 부서진 배에서 약 100m 떨어진 넓고 안전한 부빙 위에 캠프를 설치했다. 5개의 텐트에 인원이 배정되었고, 각 대원들에게는 슬리핑백이 지급되었다. 기온은 영하 39도까지 떨어졌다. 가장 가까운 육지는 600km 떨어진 곳에 있었다.

이때의 일을 맥니쉬는 이렇게 적었다. "가죽 백이 18개밖에 없어 우리는 제비뽑기를 했다. 난생처음으로 내가 당첨되었다." 대부분의 고급 대원들은 질이 떨어지는 재규어 울 백을 뽑았다. 하지만 거기에선 조작의 냄새가 강하게 풍겼고, 일부 대원들은 즉시 그 사실을 알아차렸다.

노련한 뱃사람인 베이크웰은 다음과 같이 적었다. "제비뽑기가 약간 조작되었다. 섀클턴 대장과 와일드 부대장, 워슬리 선장, 그리고 다른 고급 대원들 모두가 울 백을 뽑았기 때문이다. 품질이 좋고 따뜻한 가죽 백은 모두 일반 대원들의 몫이었다."

방수가 되지 않는 그라운드 시트 위에 누운 대원들의 머리 바로 밑에서는 얼음이 삐걱거리는 소리가 밤새 들려왔다. 린넨 텐트는 너무 얇아서 하늘에 뜬 달이

인듀어런스 호의 침몰 다음 날 아침

"어둠 속에서 굉음과 함께 배가 침몰한 끔찍한 밤. (…) 살아 있는
생물체의 비명소리 같았다." —제임스의 일기
대원들은 3일 밤을 얼음 위에서 지낸 다음 수백km 떨어진 육지를 향해 출발했다.

보일 정도였다. 캠프가 설치된 부빙 아래에서 밤새 세 번이나 무시무시한 굉음이 들렸고, 그때마다 대원들은 텐트와 슬리핑백, 그라운드 시트를 재빨리 접어야 했다.

제임스는 그날 밤을 이렇게 적었다. "무서운 밤이었다. 하늘을 배경으로 침몰한 배가 보이고, 배를 향해 달려드는 엄청난 소리들이…… 마치 살아 있는 생물체의 비명소리 같았다."

다음 날 아침, 섀클턴은 대원들을 소집했다. 그러고는 며칠 안에 북서쪽으로 약 300km 떨어진 스노 힐이나 로버트슨 섬으로 간다고 말했다.

"항상 그랬듯이 그에게 과거는 이미 지나간 일에 불과했다. 침몰은 이미 과거가 되었고, 그는 앞을 내다보고 있었다……. 아무런 감정이나 흥분을 보이지 않은 채 그는 말했다. 배와 물품이 모두 없어졌으며 이제 우리는 집으로 간다고." 맥클린은 그날 아침의 분위기를 이렇게 적었다.

행군을 하려면 3척의 구명 보트 중 2척을 끌고 가야 했다. 섀클턴은 모든 대원들에게 겨울 장비와 담배 500g을 지급했다. 그리고 각자 개인 소지품을 1kg으로 줄이게 했다. 하지만 허시에게만은 예외적으로 밴조를 갖고 가도록 허락했다. 대원들에게 '정신적 위로'가 되리라고 생각했던 것이다.

먼저 섀클턴 자신이 대원들에게 시범을 보였다. 그는 금화와 시계, 은 브러시와 여행 가방을 얼음 위에 버렸다. 그러고는 탐험 시작 전에 알렉산드라 황태후가 선물한 성경에서 기도문이 쓰인 여백지와 〈시편〉 23편이 들어 있는 페이지를 뜯어냈다.

또 다음 구절이 적혀 있는 〈욥기〉에서도 한 페이지를 뜯었다.

얼음은 뉘 태(胎)에서 났느냐
공중의 서리는 누가 낳았느냐
물이 돌같이 굳어지고
해면이 어느니라

그는 성경을 얼음 위에 내려놓고 사라졌다. 뒤이어 대원들이 불필요한 물건들을 하나씩 내던지기 시작했다. 옷가지, 과학기구, 책, 시계, 주방기구, 로프, 깃발, 육분의(천체의 고도를 재거나 현재의 위도와 경도를 계산하는 항해기구─역주), 크로노미터(항해 중인 배의 위치를 관측할 때 쓰는 정밀한 시계─역주), 담요 등이 얼음 위에 산더미처럼 쌓였다. 그런 다음 대원들은 스푼, 나이프, 화장지, 칫솔 등 중요한 소지품을 넣은 주머니를 꿰맸다.

제임스 커드 호 운반 장면

"썰매 위에 무거운 배를 올리고 모두 끌었다. 아주 힘들었다. 모두 최선을 다했지만 고작 1km 떨어진 곳까지 가는데 완전히 지쳤다. 그곳에서 새로 캠프를 쳤다." —오들리의 일기
배의 무게는 거의 1톤이나 되었다.

캠프의 전경

행군을 포기하고 인듀어런스 호에서 대략 2km 떨어진 곳에 오션 캠프를 설치했다.
인듀어런스 호의 모습이 보이는 곳이었다. 사진 왼쪽 수평선 위로 부서진 돛대와 굴뚝의 끝이 보인다.

잔해

"상갑판 선실은 부서진 나무가 가득했고 더 이상 들어갈 수 없었다. (…)
정든 배가 부서진 모습을 보니 너무 슬펐다." —맥클린의 일기

    10월 30일 아침, 행군 준비가 완료되었다. 일단 섀클턴, 허드슨, 헐리, 워디로 구성된 답사 팀이 먼저 출발하기로 했다. 섀클턴이 "이제 로버트슨 섬으로 간다!"고 소리치자 모든 대원들이 일제히 환호성을 질렀다. 답사 팀의 임무는 빙구와 얼음덩어리 등 장애물을 헤치고 보트와 썰매가 지나갈 수 있는 길을 여는 것이었다.

    오후 2시 55분. 강아지 3마리와 그동안 인듀어런스 호의 마스코트였던 고양이 '치피 여사'를 크린이 총으로 쐈다. 한 번도 썰매를 끌어본 적이 없는 강아지 시리우스의 처리는 맥클린에게 맡겨졌다. 시리우스는 총구를 빤히 쳐다보며 맥클린의 손을 핥았고, 맥클린은 손을 너무 떠는 바람에 총알을 두 방이나 쏘아야 했다. 총소리가 얼음 위로 울려퍼지며 모두의 마음을 우울하게 만들었다.

    오후 3시에 나머지 대원들이 출발했다. 앞에서 길을 만들며 나가는 사람부터

뒤에서 큰 구명 보트를 끌며 쫓아가는 대원들까지 행군 대열이 거의 1km나 될 정도로 길게 늘어졌다. 하지만 오후 6시에 행군을 멈추고 야영 준비를 했을 때, 그들은 불과 1.5km도 채 나아가지 못한 상태였다.

다음 날 아침 오들리는 이렇게 적었다. "비참한 날이다. 눈이 심하게 몰아치고, 기온은 높고, 모든 것이 축축하게 젖었다." 눈 때문에 그들은 오후까지 행군을 재개하지 못했다. 그리고 저녁 무렵엔 갑자기 날씨가 흐려지는 바람에 겨우 800m쯤 전진한 상태에서 섀클턴의 정지 명령이 떨어졌다. 3일째인 11월 1일엔 눈이 허리까지 쌓이는 악천후 속에서 500m도 채 나아가지 못했다.

"상황이 아주 나쁘다." 헐리는 이렇게 적었다. "빙구와 얼음 골짜기 사이의 미로를 헤매는 것 같다."

와일드, 워슬리, 헐리와 회의를 하고 난 섀클턴은 더 이상의 행군이 무의미하다는 사실을 인정했다. 결국 다시 캠프를 세우고 얼음이 녹을 때까지 기다리기로 했다. 그러면 굳이 부빙 위를 행군하지 않고 보트를 바다에 띄울 수 있을 것이었다.

섀클턴은 부빙이 대원들을 북서쪽으로 더 데려다주길 원했다. 그리하여 약 650km 떨어진 폴렛 섬에 조금이라도 더 가까이 접근하기를 원했다. 그 섬엔 1902년에 스웨덴 탐험대가 만든 오두막이 있고 비상 물품들이 보관되어 있다는 것을 그는 잘 알고 있었다. 섀클턴 자신이 12년 전에 직접 그 탐험대의 구조 작업을 도운 적이 있기 때문이다.

새로운 캠프가 세워졌다. 인듀어런스 호의 잔해에서 불과 2km 정도 떨어진 곳에 만든 그 캠프의 이름을 대원들은 '오션 캠프(Ocean Camp)'로 정했다.

며칠 동안 '회수 팀'이 인듀어런스 호와 오션 캠프 사이를 오가며 필요한 물건을 날랐다. 비록 상당량의 물품들이 눈 속에 파묻히긴 했지만, 그래도 브리태니커 백과사전 일부를 포함하여 많은 물품들을 회수할 수 있었다. 갑판에서 조타실을 통째로 떼어와 보관 창고로 사용했으며, 맥니쉬는 갑판에 구멍을 뚫고 배 밑바

멀리 보이는 오션 캠프

《사우스》에서 섀클턴은 이 사진에 '고립'이라는 제목을 붙였다.

오션 캠프

인듀어런스 호에서 가져온 나무를 이용해 식당을 만들었다.
"반 정도가 썰매를 타고 배로 가서 하루 종일 나무, 로프, 기타 잡동사니를 캠프로 날랐다."
—오들리의 일기

오션 캠프

"우리가 거대한 얼음 위에서 살고 있다는 사실이 믿어지지 않는다.
고작 2m 두께의 얼음이 2천 패덤(fathom, 수심 측정에 쓰이는 단위. 1패덤은 1.83m)이나 되는
바다와 우리 사이를 막고 바람과 조류에 밀려 떠돌고 있다. 그 목적지는 하늘만이 알 것이다."
— 헐리의 일기

닥으로 내려가 무엇보다도 소중한 식량을 꺼내왔다. 설탕과 밀가루 봉지가 나오자 모두 환호했으나 호두와 양파, 소다수가 나타나자 대부분 신음 소리를 냈다.

부서진 배의 내부를 파헤치고 있던 이 시기에 헐리는 사진 원판을 되찾기로 결심했다. 대원들의 소지품 무게가 엄격히 제한되어 있는 상황이었지만 헐리가 찾아온 원판은 섀클턴에게도 무척 소중한 것이었다.

"그날 어니스트 경과 함께 원판 가운데 좋은 것들을 고르며 시간을 보냈다." 헐리는 11월 9일의 일을 이렇게 적었다. "120개 정도를 골라냈고 400개 정도는 버렸다. 무게를 많이 줄여야 했으므로 어쩔 수가 없었다." 헐리는 또한 인듀어런스 호의 작업실에서 인화했던 사진 앨범도 찾아냈다.

오션 캠프

긴 천막 구조물이 돛과 둥근 나무로 만든 식당이다.
그 옆에 창고로 사용한 조타실이 있다.

오션 캠프

섀클턴과 와일드가 좌측 앞에 서 있고,
베이크웰의 윈체스터 카빈총(몬태나에서 구입한 총)이 와일드 옆에 보인다.
그 오른쪽에 창고가 있다. 섀클턴의 왼쪽에 헐리의 카메라 장비가 상자에 담겨 있다.
오른쪽의 사람들은 모두 선원이다.

대원들은 3톤이나 되는 물건을 회수하여 '토끼 우리'라는 별명이 붙은 조타실에 보관했다. 이제 새로운 캠프가 어느 정도 모양을 갖추었다. 중앙에는 돛으로 만든 주방이 들어섰고, 헐리가 만든 연통으로 된 스토브가 자리를 잡았다. 돔형 텐트 3개와 뾰족한 텐트 2개가 늘어섰고 바로 옆에는 개들이 묶였다. 갑판 판자와 돛대 나무로 망루를 만들고 영국 국기와 인듀어런스 호의 삼각기를 나란히 게양했다.

일과표가 정해졌다. 대원들은 오전 8시 30분에 물개 고기, 배넉(밀가루 과자―역주), 그리고 따뜻한 차로 아침 식사를 했다. 주방에서 텐트까지 식사를 나르는 급식 담당자가 각 텐트별로 지정되었다. 아침 식사가 끝나면 밖으로 나가 물개를 잡거나 캠프 주변에서 이런저런 작업들을 했고, 점심은 오후 1시에 먹었다.

오후가 되면 대원들은 각자 책을 읽거나 옷을 꿰매며 자유시간을 보냈다. 펭귄 스튜와 코코아가 5시 30분에 저녁으로 나왔고, 식사를 마치고 나면 다들 곧바로 슬리핑백 속으로 들어갔다. 밤에는 한 시간 간격으로 불침번을 섰다. 갑자기 얼음이 녹거나 개가 없어지는 것을 감시하기 위해서였다.

남극 횡단 탐험대가 사용할 예정이던 비상 식량은 한두 달 뒤에 시작될 것으로 예상되는 보트 항해에 대비하여 잘 보관해두었다. 하지만 나머지 식량으로 얼마나 오래 버틸 수 있는가에 대해서는 사람마다 생각이 달랐다. 헐리는 "물개와 펭귄이 많아 먹을 것이 충분하므로 9개월은 버틸 수 있을 것"이라고 생각했다. 반면 오들리의 계산으로는 100일 정도 버티면 다행이었다. 섀클턴은 1인당 하루 500g씩 식량을 배급했는데, 그건 굶어 죽는 것을 간신히 면할 정도의 적은 양이었다.

단조롭고 지루한 날이 계속되었다. 유럽에서의 전쟁 상황에 대한 이야기를 빼면 주로 날씨, 바람, 얼음이 대화의 주제였다. "눈보라가 계속되고 있다. 마지막 관측 이후 북서쪽으로 25km 떠밀려왔기 때문에 우리 모두 눈보라가 한 달 정도 계속되기를 바라고 있다." 11월 6일 일기에 맥니쉬는 이렇게 적었다.

표류의 방향과 속도는 매우 중요했다. 북서 방향 해류를 타고 스노 힐이나 로버트슨 섬, 폴렛 섬에서 가까운 파머 반도 근처로 흘러가는 것이 가장 이상적이었

오션 캠프

섀클턴, 와일드, 그리고 누구인지 알 수 없는 대원이 우에서 좌로 서 있다.
헐리가 전문 장비로 찍은 마지막 사진 가운데 하나이다. 망루 위에서 영국 국기와
인듀어런스 호의 삼각기가 날리고 있다. 11월 9일과 헐리가 카메라 렌즈와 원판을
이중 밀봉하여 보관한 11월 22일 사이에 찍은 것이다.

다. 하지만 북동쪽이나 동쪽으로 흘러가 육지에서 더욱 멀어지게 될 위험도 있었다. 만에 하나 부빙의 이동 거리가 미미하다면 얼음 위에서 또다시 겨울을 보내게 될지도 몰랐다.

    11월 중순의 기온은 이상하게도 온화했고 때로는 영하 1도까지 올라가기도 했다. 해빙이 가까워졌다는 징조로 볼 수도 있지만 전반적인 생활상태는 더욱 나빠졌다. 눈이 녹으면서 캠프 주변이 진창이 되어 걷기조차 힘들었고, 낮이 되면 텐트 내부의 온도는 거의 찜통 수준인 20도까지 올라갔다.

오션 캠프

썰매 위에 올려진 구명 보트 세 척이 뒤쪽에 보인다.

잔해

"배의 잔해가 황량하게 널려 있다. 와일드는 배가 가라앉기 전에
마지막으로 배를 둘러보았다." —섀클턴 자서전 《사우스》
와일드와 헐리가 잔해를 둘러보기 위해 왔던 11월 14일에 찍었을 것으로 추정된다.
7일 뒤에 배는 완전히 가라앉았다.

하지만 밤이 되면 기온이 다시 뚝 떨어졌다. 대원들이 내뿜은 입김이 얼어서 텐트 안쪽에 살얼음이 낄 정도였다. 비좁은 텐트 속에서 정어리 통조림처럼 바짝 누운 채 잠을 자다보면 몸을 뒤척일 수도 없었으며, 용변을 보기 위해 잠깐씩 드나드는 것조차 힘들었다. 이런 상황에서 대원들의 신경이 날카로워지는 것은 어쩔 수 없는 일이었다.

오들리는 이렇게 적었다. "텐트는 종이만큼 얇다. 듣지 않는 편이 훨씬 더 좋을 싸움 소리까지 또렷이 들렸다. 텐트 여기저기에 귀가 있는 것처럼." 그 와중에 오들리가 겪은 불행한 사태는 우스우면서도 가슴 아픈 것이었다. 그는 코를 심하게 골았는데, 11월 초의 일기엔 이렇게 적혀 있다. "여덟 명이 자고 있던 텐트에서 누군가가 잠자는 나를 번쩍 들어 '토끼 우리'에 집어넣었다." 다음 날부터 오들리는 아예 창고에서 잠을 잤다.

한편, 앞으로 있을 여행 준비를 본격적으로 서둘러야 했다. "지난 토요일 이후 나는 배를 끌고 갈 썰매를 만드느라 바빴다." 11월 16일자 일기에 맥니쉬는 준비 상황을 적었다. "예상보다 여행이 더 길어질 경우를 대비해 전체 대원이 탈 수 있도록 배를 더 높이고 갑판을 만들고 있다." 이 모든 작업은 유일하게 남은 연장인 톱과 망치, 조각칼, 그리고 손도끼로 이루어졌다.

얼음이 녹으면서 주변 경치가 조금씩 변했다. 들쭉날쭉했던 빙원이 조금씩 편평해졌고 곳곳에 작은 물줄기가 만들어졌다. 낮도 훨씬 길어져서 새벽 3시에 뜬 해가 오후 9시나 되어야 질 정도였다. 대원들은 물개를 사냥하고 카드놀이를 하고 브리태니커 백과사전에 나오는 글을 놓고 입씨름을 하기도 하면서 시간을 보냈다.

11월 21일 저녁, 개에게 먹이를 준 뒤 텐트에서 책을 읽거나 잡담을 하고 있던 대원들에게 갑자기 섀클턴이 외치는 소리가 들렸다.

"배가 가라앉는다!"

황급히 밖으로 뛰어나온 대원들은 높은 망루 위에 서서 인듀어런스 호의 최후를 말없이 지켜보았다. 뱃고물이 하늘 높이 치솟더니 곧이어 뱃머리부터 서서히 물속으로 들어가기 시작했다. 대원들을 태우고 처녀 항해에 나섰던, 헐리에 의하면 '바다의 신부'였던 인듀어런스 호가 마침내 눈앞에서 영원히 사라지는 순간이었다.

"모두들 아무 말도 못 하고 묵묵히 지켜보기만 했다." 베이크웰은 그날의 일을 이렇게 적었다. "나는 목구멍에 무엇인가 걸린 것 같았는데 삼킬 수가 없었다······. 이제 우리는 완벽하게 외로운 처지가 되고 말았다."

섀클턴은 일기에 이렇게 적었다. "오후 5시에 인듀어런스 호는 머리부터 천천히 가라앉기 시작했다. 가장 상처를 많이 받은 뱃고물이 맨 마지막으로 물속에 들어갔다······. 도저히 더 이상 쓸 수가 없다."

얼음이 녹으면서 흐르는 물이 차츰 불어났다. 인듀어런스 호 근처의 첫 캠프에 가서 필요한 물건들을 가져오는 일이 갈수록 어려워졌고 사냥도 점점 더 위험해졌다. 오션 캠프가 자리잡고 있는 부빙은 동쪽으로 약 15도 회전했지만 본격적인 해빙의 징조는 아직 보이지 않았다. 12월 12일자 일기에 오들리는 이렇게 적었다. "남극권을 가로질러 반 정도는 지나온 것 같다. 순풍이 분다면 새해가 오기 전에 남극권을 벗어날 수 있을지도 모른다."

며칠 뒤, 남쪽에서 불어온 강력한 눈보라가 예상보다 더 빠른 속도로 그들을 북쪽으로 밀고 갔다. 하지만 12월 18일이 되자 이번엔 북동쪽에서 바람이 불어오기 시작했고, 대원들은 왔던 길을 하릴없이 되돌아갔다. 더 큰 문제는 표류 방향이 이리저리 바뀌면서 캠프가 육지로부터 더욱 밀어지고 있다는 사실이었다.

12월 21일. 섀클턴이 대원들에게 새로운 계획을 발표했다. "12월 23일에 다시 서쪽으로 행군을 시작한다." 하지만 많은 대원들이 이번 발표를 달갑지 않게 받아들였다. "모든 면에서 지난번보다 상황이 훨씬 좋지 않다." 그린스트리트는 이렇게 적었다. "대장이 행군 생각을 포기하기를 진정으로 바란다. 우리 텐트에서도 이

문제를 놓고 격론이 벌어졌다."

출발 전날에는 크리스마스를 앞두고 푸짐한 파티가 열렸다. 섀클턴은 얼음 표면이 단단해지는 한밤중에 행군을 떠날 생각이었고, 결국 대원들은 안개가 잔뜩 낀 새벽 3시에 잠에서 깨어났다. 실패로 끝난 첫 번째 행군 당시엔 모두들 사기가 충천했지만 이번 행군에서는 많은 대원들이 마지못해 따르는 듯한 분위기였다.

먼저 18명이 줄을 연결하여 배 두 척을 끌고 조심스럽게 눈길을 헤쳐나갔고, 나머지 대원들은 필요한 물품들을 정리했다. 텐트, 요리 도구, 창고, 썰매 등을 꼼꼼히 챙겼고, 남은 배 한 척은 오션 캠프에 남겨두었다. 꼬박 8시간에 걸쳐 강행군을 한 첫날, 그들은 겨우 2km를 걸었다.

며칠 동안 힘들고 별 소득도 없는 행군이 계속되었다. 대원들은 충분히 쉬지도 못했고, 허기를 완전히 채우지도 못했으며, 옷은 항상 축축하게 젖어 있었다. 하루에 2km씩 빙구와 질퍽한 얼음 위를 걷느라 모두 파김치가 된 상태였다. "힘들고 희망도 없는 행군이다. 더 이상 이런 짓을 하고 싶지 않다." 베이크웰은 이렇게 적었다.

섀클턴은 결국 어쩔 수 없이 행군 중단을 결정했다. 힘겨웠지만 용기 있는 결정이었다. 대원들은 단단해 보이는 얼음 위에 새로운 캠프를 만들기로 했고, 이틀간의 탐색 끝에 적당한 장소를 찾아 일렬로 텐트를 세웠다. 온갖 좌절에도 불구하고 이젠 부빙 위에서의 생활에 다시 안착해야 했다.

"캠프 이름을 '페이션스 캠프(Patience Camp)'로 정했다." 오들리는 기록했다.

이제 1916년 1월이었고 해빙의 조짐은 여전히 보이지 않았다. 게다가 바람도 거의 불지 않아 부빙의 위치는 줄곧 남위 66도 부근에 머물러 있었다. 며칠이 지나고 몇 주가 지나면서 다시 지루함과 침울함, 그리고 고통스러운 긴장이 찾아왔다.

"기다림은 항상 우리의 인내심을 시험하며 피곤하게 한다." 헐리가 그답지 않게 조바심을 보이며 적었다. 탐험대의 일원으로서 항상 즐거운 분위기를 만들어

오션 캠프

이건 아마도 '크리스마스 행군'에 대한
파업의 의미가 아니었을까.

얼음 위의 주방에 있는 요리사 그린과 오들리

스토브에서 나온 연기로 검은 얼굴을 하고 있는 오들리와 그린이 오션 캠프에서
페이션스 캠프로 가는 도중 임시 주방에서 식사를 준비하고 있다.

적재된 썰매

패미컨, 설탕 상자 등 생필품을 실은 썰매를 개들이 끌고 왔다.

내던 그였다. 전과 달리 대원들은 현재의 상황을 점점 더 비관적으로 받아들이고 있었다.

가장 심각한 것은 식량 문제였다. 주변에는 사냥할 만한 물개가 흔치 않았으며, 오션 캠프에서 가져온 고기와 고래 기름도 점점 바닥나고 있었다.

1월 14일. 와일드, 크린, 맥클로이, 마츤이 맡고 있던 개 27마리가 모두 총을 맞았다. 더 이상 필요할 것 같지도 않았고, 개들이 먹어치우는 식량의 양도 무시할 수 없었기 때문이다. 개에게 줄 먹이는 이제 허기에 지친 대원들의 식량이 되었다.

"이 임무가 나에게 떨어졌는데, 내 생애 가장 끔찍한 일이었다." 와일드는 그때의 심정을 이렇게 적었다. 이 어쩔 수 없는 사태는 모두에게 큰 충격이었으며, 맥니쉬의 표현대로 "고향을 떠나온 이래 가장 슬픈 사건"이었다. 그날 밤, 헐리와

허시와 삼손

탐험대의 가장 작은 대원과 가장 큰 개

썰매 끄는 개

처음에 개는 단순히 썰매를 끄는 동물에 불과했지만,
점차 대원들에게 즐거움을 주는 동반자가 되었다.
헐리는 그의 책《남극의 모험가》에서 '썰매 끄는 개'에 한 장(章)을 모두 할애했다.

맥클린은 오션 캠프에 다녀오는 위험한 임무를 맡았다. 다음 날 그들은 400kg이나 되는 물품들을 썰매에 싣고 돌아왔는데, 헐리의 개가 썰매를 끈 것도 이번이 마지막이었다.

"오후에 와일드가 내 개들을 총으로 쏘아 죽였다." 헐리는 자기가 좋아했던 개들의 명복을 오랫동안 빌었다. "개들의 우두머리였던 늙은 셰익스피어에게 작별 인사를 했다. 두려움을 모르고 충직하며 부지런했던 나의 사랑스런 개들을 항상 기억할 것이다."

1월 21일. 모두를 숨막히게 했던 한 달간의 고요가 지나고 드디어 남서쪽에서 눈보라가 밀려와 그들을 눈에 익은 곳으로 밀고 갔다. 이제 대원들은 스노 힐에서 약 250km 떨어진 곳에 있었다. 섀클턴은 대원들에게 배녁을 넉넉히 나눠주면서 이 행운을 축하했다. 하지만 며칠 뒤에 워디와 워슬리가 근처의 빙원을 둘러본 결과, 그렇게 기다렸던 해빙은 어디에서도 보이지 않았다.

"사방이 얼음뿐입니다." 빙산 꼭대기에 올라가 주위를 살피고 온 워디가 시무룩하게 보고했다. 물개는 여전히 드물었고 갖고 온 고래 기름도 이제 거의 다 떨어졌다. 섀클턴은 뜨거운 음료를 줄이고 아침에 차 한 잔만 마시라고 대원들에게 지시했다. 연료를 최대한 비축해두기 위해서였다.

2월 2일. 섀클턴은 오션 캠프에 두고 온 세 번째 보트인 '스탠콤 윌스' 호를 가져오라고 지시했다. 캠프에 배 3척을 모두 확보하자 대원들의 사기가 눈에 띄게 높아졌고, 특히 선원들이 좋아했다.

시간이 계속 흘렀다. 섀클턴은 물개 뼈, 지느러미, 내장 등 쓰레기 더미에서 기름으로 사용할 수 있는 것을 찾도록 했다. 이제 연료뿐 아니라 식량도 거의 바닥이 드러난 상태였다. "슬리핑백에 들어가 로이드 조지 총리가 '노동자의 사치'라고 말한 배고픔을 달랠 수밖에 없었다." 맥니쉬는 이렇게 적었다.

2월 말이 되자 갑자기 작은 아델리펭귄 떼가 굶주린 대원들 앞에 나타났다. 대원들은 우리에게 더 이상 허기는 없다는 듯 맹렬한 기세로 사냥에 나서 순식간에 3백여 마리를 '도살'했다. "이제 먹을 것이라고는 죄다 고기뿐이다." 그린스트리트는 이렇게 적었다. "물개 스테이크, 물개 스튜, 펭귄 스테이크, 펭귄 스튜, 펭귄 간…… 코코아는 바닥이 났으며 차도 거의 떨어져간다……. 밀가루도 얼마 남지 않았다."

요리사인 그린과 오들리는 섀클턴과 함께 메뉴를 고민하면서 매일 멋진 요리를 개발했다. 물개와 펭귄만 확보되면 그날은 '특별한 날'이 되었고, 대원들은 조촐한 잔치를 벌이며 잠시나마 단조로운 생활을 잊었다.

부빙이 다시 매일 평균 3km 정도씩 움직였다. 3월 초가 되자 대원들은 폴렛 섬에서 불과 100km 떨어진 곳에 도달했다. 한때 가까이 접근하기를 희망했던 스노 힐은 이미 그들의 등 뒤에 있었다.

3월 7일. 얼음에 갇힌 이후 가장 심한 눈보라가 불어닥쳤다. 너무 추워 책을 읽거나 카드놀이도 할 수 없게 된 대원들은 이미 철판처럼 단단히 얼어버린 슬리핑백 속으로 들어갔다. 부빙은 여전히 북쪽으로 표류하고 있었으며 파머 반도를 향해 다가서고 있었다. 그리고 3월 23일 아침, 섀클턴은 서쪽에 희미하게 육지가 보이는 것을 발견했다.

"모두들 대장의 말을 의심했다." 맥니쉬는 냉소적으로 썼다. "이게 처음이 아니었기 때문이다. 지난 두 달 동안 빙산을 육지로 착각한 적이 많았기 때문에 대장은 다른 사람도 그걸 육지로 생각하는지 초조해 보였다."

하지만 이번엔 진짜 육지였다. 눈으로 덮인 조인빌 섬의 구불구불한 산자락이 모두의 눈에 선명하게 드러났다. 무려 16개월 만에 처음 본 땅이었다. "얼음만 녹으면 하루 만에 갈 수 있을 것이다." 헐리는 이렇게 적었다.

하지만 얼음은 녹지 않았다. 부빙은 여전히 걷기에는 단단하지 않고 배를 띄우기에도 적당하지 않은 상태였다. 대원들은 서쪽에 육지를 놓아둔 채 여전히 북쪽을 향해 표류하고 있었다. 섀클턴은 최악의 상황이 현실로 다가오는 것을 말없이 지켜보았다. 만일 이대로 저 섬을 지나치고 나면, 이제 그들 앞에는 더 이상 단 한 조각의 육지도 없을 것이었다.

3월 30일. 마지막 개를 죽이고 어린 강아지를 먹었다. 이제 대원들 사이에는 딱히 슬퍼하는 기색도 없었다. 그저 어쩔 수 없는 현실을 묵묵히 인정하며 '예상치 못한' 고기 맛을 즐길 뿐이었다. 대원들은 2주 만에 처음으로 배불리 먹었다. 비상식량은 아직 손을 대지 않은 채 그대로 있었다.

4월 초에 워슬리는 이상한 현상을 발견했다. 지금껏 바람을 따라 움직이던 부빙이 어느 순간부터 바람보다 더 빠른 속도로 움직이고 있음을 깨달은 것이다.

페이션스 캠프

헐리와 섀클턴이 텐트 입구에 앉아 있다.
헐리(좌측)가 두 사람 사이에 설치된 스토브용 연료를 만들기 위해 펭귄 껍질을 벗기고 있다.

페이션스 캠프를 받치고 있는 얼음이 원래의 거대한 부빙에서 떨어져 나오면서 웨들해의 강한 조류에 붙잡혀버린 게 분명했다.

4월 7일. 해가 뜨는 것과 동시에 클래런스 섬의 눈 덮인 산이 시야에 나타났다. 오후에는 엘리펀트 섬의 산봉우리가 북서쪽에서 모습을 드러냈다. 섬을 향해 빠른 속도로 달려가던 부빙이 갑자기 서쪽으로 방향을 바꾸었고, 다시 동쪽으로 휘면서 두 개의 섬을 바로 앞에 두고 내달렸다. 끊임없이 새로운 상황이 발생했으며 그때마다 계획을 새로 짜야 했다. 갈매기, 슴새, 제비갈매기 등이 바로 머리 위에 있었고 고래가 연신 물을 내뿜었다.

4월 8일 저녁, '제임스 커드' 호 바로 아래에서 얼음이 삼각형으로 갈라졌다. "배를 띄울 때가 다가왔다고 느꼈다." 섀클턴은 이때의 상황을 이렇게 적었다. 4월 9일 아침이 되자 대원들은 출발 준비를 모두 갖춘 채 마지막 식사를 했다. 그리고 오후 1시, 마침내 섀클턴이 오랫동안 기다려온 명령을 내렸다.

배를 띄웠다. 각자의 위치는 이미 몇 개월 전에 정해져 있었다. '제임스 커드' 호는 섀클턴과 와일드가 맡았으며 클라크, 헐리, 허시, 제임스, 워디, 맥니쉬, 그린, 빈센트, 맥카티가 탔다. '더들리 더커' 호는 워슬리가 책임졌으며 그린스트리트, 커어, 오들리, 맥클린, 치덤, 마츤, 맥리오드, 홀리스가 탔다. 가장 작은 '스탠콤 윌스' 호에는 리킨슨, 맥클로이, 하우, 베이크웰, 블랙보로, 스티븐슨이 탔고 허드슨과 크린이 지휘했다.

오후 1시 30분. 배가 출발했다. 세 척의 배는 얼음 사이로 난 물길을 따라 조심스럽게 앞으로 나아갔다. "이날은 탐험을 시작한 이래 가장 춥고 가장 위험했다." 베이크웰은 이때의 일을 이렇게 기록했다. "얼음덩어리가 사나운 기세로 휙휙 지나갔다. 물길을 따라 배를 끌고 가기가 아주 어려웠다. 여러 차례 배가 부서질 위기를 간신히 넘겼다."

대원들은 지금껏 15개월 동안이나 얼음에 갇혀 있었다. 하지만 이들의 진짜 고난은 이제 막 시작되고 있었다.

5부

보트 여행

엘리펀트 섬 상륙

1915년 4월 15일. 497일 동안의 얼음과 바다 생활 이후 처음 밟은 땅.
"대장과 선장, 요리사, 헐리가 윌스 호를 탔고 선원들과 함께 윌스 호를 바위 사이의 작은 만으로 몰고 갔다.
(…) 다음에 톰 크린의 책임하에 적당한 상륙 지점을 찾아 돌아다녔다. —워디의 일기

1916년 4월 10일
지난밤, 긴장과 두려움으로 가득했던 밤,
배가 파괴되던 그때와 같았던 밤······. 파도와 바람이 심했고,
밤새 무사하기를 신에게 기도했다. 48시간 동안 전혀 잠을 자지 못했으며,
모두들 물에 젖어 추웠고 북동풍의 눈보라 때문에 정신이 없었다······.
육지는 어디에도 보이지 않았다. 제발 이 상황이 빨리 끝나기를 기도했다.
— 프랭크 헐리의 일기

바다에서의 첫날 밤, 섀클턴과 대원들은 파도에 흔들리는 6m × 3m 크기의 부빙에 캠프를 쳤다. 오후 7시 정도부터 주위가 어두워지기 시작했지만 기온은 영하 8도로 비교적 온화한 편이었다. 그린이 만든 뜨거운 식사를 하고 난 대원들은 각자의 텐트 속으로 들어가 말없이 휴식을 취했다.

"밤 11시 정도에 뭔가 이상한 기분이 느껴져 텐트 밖으로 나왔다. 캠프 주변은 온통 어둡기만 했다." 섀클턴은 이렇게 적었다. "경계를 서고 있는 대원에게 얼음 상태를 잘 살펴보라고 주의를 주기 위해 걷기 시작했는데, 대원들의 텐트 옆을 지날 때 갑자기 파도가 일면서 심하게 흔들리더니 바로 발밑에서 얼음이 갈라졌다."

얼음은 텐트 밑을 가로지르며 길게 쪼개졌고, 슬리핑백 속에 들어가 있던 하우와 홀리스가 미처 손쓸 틈도 없이 물에 빠져버렸다. 섀클턴은 물에 빠져 버둥대는 하우의 슬리핑백을 붙잡고 황급히 얼음 위로 끌어올렸다. 갈라졌던 얼음이 다

시 서로 부딪치는 것과 그야말로 간발의 차이였다.

아무도 잠을 잘 수 없었다. 허드슨이 홀리스에게 마른 옷을 건네주었고, 홀리스는 담배가 없어졌다며 밤새 투덜댔다. 섀클턴은 뜨거운 우유와 특별히 준비한 과자를 모든 대원들에게 나눠주었고, 대원들은 스토브 옆에 모여 앉은 채 다들 뜬눈으로 밤을 새웠다. 범고래가 밤새 요란하게 물을 뿜어댔다.

날이 밝아오면서 부빙 주변에 얼음이 둥둥 떠 있는 모습이 보였다. 파도가 심해지면서 얼음 조각들이 서로 이리저리 부딪쳤고, 그 힘은 "작은 보트를 완전히 박살내버릴 정도로 강력했다"고 오들리는 적었다.

아침이 되자 바람이 거세졌다. 대원들은 꼬박 두 시간 동안 구불구불한 물길을 따라 파도를 헤쳐가며 노를 저어 부빙 가장자리의 위태로운 빙구를 통과했지만 이내 지쳐버렸다. 지난 몇 개월 동안 탄수화물 섭취량이 절대적으로 부족했던 탓이었다.

클래런스 섬과 엘리펀트 섬은 약 100km 앞에 있었다. 하지만 엷게 깔린 안개로 인해 대원들에겐 육지의 모습이 제대로 보이지 않았다. 이렇게 작은 배로 거친 바다를 헤쳐나가는 것은 어쩌면 처음부터 무리인지도 몰랐다. 특히 스탠콤 윌스 호는 돛이 없어서 다른 배를 따라잡기가 힘들었다. 섀클턴은 배가 서로 일정한 간격을 유지하도록 명령을 내렸지만 말처럼 쉬운 일은 아니었다.

기괴한 형상을 한 거대한 빙산 사이의 물길을 따라 배는 차츰 부빙으로부터 벗어났다. 하지만 마지막 순간에 거대한 파도가 정면에서 밀려오는 바람에 더 이상 앞으로 나아갈 수가 없었다. 목표로 삼았던 북쪽 항로가 벽에 부딪히자 대원들은 다시 서쪽으로 방향을 틀어 킹 조지 섬을 향했다.

황혼 무렵에 대원들은 약 20m 크기의 원형 부빙 위에 캠프를 쳤다. 밤이 깊어가자 바람이 강하게 불고 눈이 내리면서 캠프가 위태롭게 흔들렸다. 섀클턴은 당장 큰 위험이 없다고 생각하고 대원들을 계속 자게 했다. 하지만 헐리의 일기에 의하면 이때 자신들이 안전하다고 생각한 대원은 단 한 명도 없었다.

새벽이 되자 거대한 파도가 밀려왔고 흐린 하늘에서는 눈이 내렸다. 파도를 따라 얼음이 요동치면서 그들을 향해 밀려왔다. 섀클턴과 워슬리, 와일드는 높은 곳에 올라가 주변을 살폈고 나머지 대원들은 배를 지키며 말없이 기다렸다. 캠프를 차린 부빙은 다른 얼음과 부딪히며 그 크기가 조금씩 줄어들고 있었다.

"내가 걱정했던 것은 조류에 떠밀려 클래런스 섬과 킹 조지 섬 사이의 120km에 이르는 공간을 지나 대서양의 망망대해에 버려지는 것이었다." 섀클턴은 이렇게 적었다.

정오가 되면서 돌풍이 잦아들었고, 대원들은 서둘러 배를 띄웠다. 하지만 얼마 지나지 않아 어둠이 깔리기 시작했고, 밤이 될 때까지도 배는 부빙 주변을 벗어나지 못했다. 몇 시간 동안 무작정 노를 저어 온 곳은 다행히 바람이 불지 않는 곳이었고, 그곳에 세 척의 배가 나란히 정박했다.

"끊임없이 비와 눈이 몰아쳐 밤하늘의 별을 가리고 우리를 흠뻑 젖게 했다." 섀클턴은 이렇게 적었다. "이따금 바다제비들의 유령 같은 그림자가 가까이 다가왔으며, 범고래가 물을 뿜어대는 소리가 들렸다. 갑자기 증기를 분출하듯 짧고 날카로운 소리였다." 번들거리는 범고래의 기분 나쁜 그림자가 밤새 배 주변을 맴돌았다.

대원들은 캄캄한 물에서 고래가 천천히 모습을 드러내는 광경을 가장 공포스러운 순간으로 기억했다. 얼음 위에서 오랫동안 지낸 대원들은 이 거대한 짐승이 얼음도 박살내는 무시무시한 힘을 갖고 있다는 사실을 수도 없이 목격했다. 깊고 신비로우며 사악하기까지 한, 으스스한 파충류의 눈을 가진 존재가 바로 고래였다.

얼음과 고래 사이에서 조마조마한 밤을 보낸 대원들은 새벽이 되자 다시 노를 젓기 시작했다. 얼어붙은 외투는 움직일 때마다 서걱서걱 소리를 냈으며 그때마다 작은 얼음 조각들이 우수수 떨어졌다. 수백 마리나 되는 물개들이 햇빛을 받아 분홍색을 띠며 얼음 위에서 놀고 있는 모습이 보였다.

워슬리는 더들리 더커 호의 돛을 기준으로 현재 위치를 관측했다. 페이션스 캠프를 떠난 이후 그들은 줄곧 북서쪽을 향해 움직였고, 예상대로라면 지금쯤 킹 조지 섬에 바짝 접근해 있어야 했다. 하지만 모든 대원들의 기대에도 불구하고 결과는 예상보다 좋지 않았다.

"실망이었다." 워슬리는 일기에 이렇게 적었다. 출발 당시에 비해 단 1km도 진척이 없었다. 배는 오히려 남동쪽을 향해 떠밀려 왔으며, 페이션스 캠프에서 동쪽으로 50km, 남쪽으로 18km 지점에 있었다. 심한 파도와 동쪽 방향의 강력한 조류, 복잡한 물길 등으로 인해 방향 감각을 완전히 잃었던 것이다.

서쪽 방향의 킹 조지 섬과 디셉션 섬은 이제 저 멀리에 있었다. 가장 가까운 북쪽의 엘리펀트 섬은 부빙 너머 넓은 바다에 있고, 그들 뒤의 남서쪽 파머 반도의 끝자락인 호프 만은 200km나 떨어져 있었다. 워슬리와 와일드와 함께 이야기를 나눈 섀클턴은 북서풍을 이용하기로 결정하고 호프 만을 향해 배를 돌리게 했다.

밤이 되자 날씨가 더 추워졌다. 설상가상으로 주변에는 캠프를 차릴 만한 크고 단단한 부빙도 보이지 않았다. 결국 대원들은 얼음 조각이 가득한 바다에서 밤새 표류하는 신세가 되었다. 기온은 영하 22도까지 떨어졌고, 아침이 되자 배 여기저기에 얼음이 두껍게 얼어 있었다. 섀클턴은 얼음을 도끼로 떼어낸 다음 얼음 조각들을 대원들에게 나누어주며 물 대신 먹게 했다.

"모두 지치고 힘들어 보였다." 대원들의 상태를 섀클턴은 이렇게 적었다. "입술이 갈라졌고 눈과 눈꺼풀은 붉게 물들었으며 얼굴에는 소금기가 가득했다……. 빨리 육지로 가야 한다. 엘리펀트 섬을 향해 가기로 결정했다."

바람 방향이 다시 바뀌어 이제는 남동쪽에서 불었다. 대원들의 생명을 구해야 한다는 생각에 조바심이 난 섀클턴은 항로를 바꾸어 가장 가까운 곳에 있는 엘리펀트 섬을 향하기로 결정했다. 파머 반도의 최북단인 그 섬을 자칫 그냥 지나치기라도 하면 망망한 남대서양에서 절망적인 상황을 맞을 게 분명했지만 어쩔 수 없었다. 지금은 그런 '조심'조차도 사치에 불과할 정도로 다급한 상황이었던 것이다.

오후 4시에 바람이 강풍으로 변하면서 파도가 거세졌다. 옆구리가 낮은 스탠콤 윌스 호에 바닷물이 밀려들기 시작했다. 제임스 커드 호에 타고 있던 섀클턴은 어떻게든 사기를 북돋우기 위해 대원들에게 음식을 나누어주었지만 뱃멀미에 시달리고 있던 몇몇은 이 보너스를 즐길 수가 없었다. 익히지 않은 개 먹이를 먹고 많은 대원들이 설사 증세를 보였으며, 배 가장자리에서 간신히 균형을 유지한 채 볼일을 보아야 했다.

섀클턴은 배끼리 서로 일정 거리를 유지하라고 계속 명령했지만 그건 너무나 어려운 일이었다. 스탠콤 윌스 호의 물은 어느새 무릎까지 차올랐고, 북대서양의 트롤 어선에서 얼음을 헤치며 살았던 홀리스마저 두려움에 울음을 터트렸다. 상황이 심상치 않음을 깨달은 워슬리가 1분 1초라도 아껴야 한다며 밤새 계속 항해하자고 제안했지만 섀클턴은 한동안 고민한 끝에 정지 명령을 내렸다. 배가 서로 헤어질 수도 있고, 무엇보다도 어둠 속에서 섬을 그냥 지나칠지 모른다는 우려 때문이었다.

"대원들이 그 밤을 견딜 수 있을지 걱정되었다." 그는 이렇게 적었다. 무엇보다도 식수가 없었다. 전에는 캠프 장소에서 얼음을 녹여 물을 만들었지만 이번에는 급하게 출발하느라 미처 물을 만들 새가 없었다. 얼굴을 계속 때리는 소금기로 인해 대원들의 입이 심하게 부풀었고 입술에서는 피가 흘렀다. 얼어붙은 물개 고기만이 대원들에게 힘을 주는 유일한 재산이었다.

돛과 노를 묶어 만든 닻이 물에 던져졌고, 배에서의 세 번째 밤이 시작되었다. 힘겨운 낮과 길고 지루한 밤을 보내면서도 조타수인 와일드와 맥니쉬, 허드슨과 크린, 워슬리와 그린스트리트는 자리를 떠날 수가 없었다. 차가운 파도에 얼어 맞은 그들의 몸이 냉동 생선처럼 꽁꽁 얼어붙었다. 바람과 물보라가 밤새 그들의 부르튼 얼굴을 때렸다.

엘리펀트 섬

제임스 커드, 더들리 더커, 스탠콤 윌스 모두 안전하게 엘리펀트 섬의 케이프 밸런타인에 상륙했다.
대원들이 커드 호를 육지로 끌어올리고 있다. 왼쪽으로 앉아 있는 사람 가운데 한 명은
아마 동상이 심했던 블랙보로일 것이다. 배 위쪽 해변에 각종 물품을 쌓아놓은 것이 보인다.

　새벽. 대원들은 동쪽의 수평선 위로 떠오르는 아름다운 일출을 보며 환호성을 질렀다. 뱃머리 너머로 클래런스 섬의 눈 덮인 봉우리들이 나타났던 것이다. 잠시 후엔 '약속의 땅'인 엘리펀트 섬이 불과 50km 앞에 그 모습을 드러냈다. 섀클턴의 표현대로 "험난한 물길을 헤치며 이틀 동안 죽을 고비를 넘기고 바람과 파도에 떠밀려 표류한 끝에" 드디어 만난 것이다.

　일단은 엘리펀트 섬으로 가기로 했다. 그곳의 해안이 경사가 더 완만했고 바람의 방향과도 일치했기 때문이다. 만일 상륙에 실패한다면 다시 바람을 타고 클래런스 섬으로 갈 수도 있을 것이었다.

엘리펀트 섬: 3일 반 만의 첫 식사

오들리, 워디, 클라크, 리킨슨(나중에 심장병으로 고생한다),
하우, 섀클턴, 베이크웰, 커어, 와일드의 모습(왼쪽부터)

    오전 7시, 모든 보트의 닻이 일제히 올려졌다. 정오까지 그들은 전체 거리의 약 절반가량을 전진했고, 1시가 되자 남은 거리는 약 25km로 줄어들었다. 2시에는 엘리펀트 섬의 육중한 봉우리가 바로 눈앞에 깎아지른 듯 솟아올랐다. 이제 남은 거리는 15km도 채 되지 않는 것 같았다.

    하지만 거기까지가 한계였다. 그토록 힘겹게 찾아왔음에도 불구하고 육지는 대원들의 접근을 허락하지 않았다. 한 시간이 지났는데도 섬은 더 가까워지지도 않고 더 멀어지지도 않은 채 여전히 그 자리에 있었다. 노를 계속 젓는데도 배가 같은 자리에서 맴돌고 있는 걸 보면 아무래도 바다 쪽으로 흐르는 강한 해류에 붙잡힌 게 분명했다. 설상가상으로 저녁 무렵엔 폭풍까지 맞바람으로 불어와 배를

엘리펀트 섬

케이프 밸런타인은 19세기 초 물개 사냥꾼과 탐험가들이 밸런타인데이에
이곳을 찾았기 때문에 붙은 이름이라고 생각된다. "우리의 주변 경치는 지금까지 본 것 가운데 가장 웅장하다.
하늘 높이 치솟은 절벽은 얼음으로 덮여 있으며, 중간 중간에 크레바스를 계단 삼아
얼음이 바다까지 이어져 있다. 높이가 30~60m나 되는 거대한 얼음 장벽을 이룬다." —헐리의 일기

밀어내기 시작했다.

힘겹고 고통스러운 시간이 느리게 흘러갔다.

"적어도 반 정도는 정신이 조금 이상했다." 와일드는 대원들의 상태를 이렇게 적었다. "다행스럽게도 폭력적이지는 않았으며, 그저 희망을 잃고 무기력한 상태였다."

스탠콤 윌스 호에 타고 있던 여덟 명 가운데 네 명이 완전히 지쳐서 쓰러졌

다. 맥클로이, 하우, 베이크웰이 사력을 다해 밤새 물을 퍼냈으며, 크린은 키를 잡았다. 제임스 커드 호에서는 탈진한 와일드를 대신해 맥니쉬가 키를 잡았다.

더커 호의 선원들은 키를 잡고 있던 워슬리가 아무 소리도 듣지 못한 채 머리를 축 늘어뜨리고 있는 것을 뒤늦게 발견했다. 키를 잡고 있던 자세 그대로 몸이 뻣뻣이 굳어 있던 워슬리는 마사지를 한참이나 받고 나서야 겨우 바닥에 몸을 누일 수가 있었다. 그는 이미 90시간 이상이나 잠을 자지 않은 상태였다.

사투를 벌이기는 섀클턴 역시 마찬가지였다. "배를 띄우고 항해를 시작한 이후 어니스트 경은 항상 낮에는 똑바로 서 있고 밤에는 커드 호의 고물에서 스탠콤윌스 호와 연결된 밧줄을 잡고 있었다." 오들리는 이렇게 적었다. "잠도 자지 않고 그렇게 버티는 모습이 경이로웠다." 섀클턴은 페이션스 캠프를 출발한 이후 지금껏 거의 잠을 자지 않고 있었다.

새벽이 오면서 안개가 짙게 깔렸다. 모진 사투 끝에 대원들은 엘리펀트 섬의 계곡 바로 아래까지 접근하는 데 성공했다. 가파른 해안을 따라 조심스럽게 이동하던 섀클턴은 섬 끄트머리 부근에서 파도가 부딪치는 바위 너머에 좁은 해변이 있는 것을 발견했다. 시간은 어느새 오전 9시를 가리키고 있었다.

"위험을 무릅쓰고 그곳에 상륙하기로 결정했다." 섀클턴은 이렇게 적었다. "이틀 동안 전혀 먹지도 마시지도 못해서 대원들의 상태는 최악이었다." 목과 혀가 심하게 부풀어 겨우 속삭일 수 있을 정도였기 때문에 그의 명령을 와일드나 힐리가 대신 전달했다. 섀클턴은 윌스 호를 먼저 섬으로 향하게 했고, 그 뒤를 더커 호가 뒤따랐다.

"아주 힘들고 고도의 집중이 필요했다." 섀클턴은 이렇게 적었다.

윌스 호는 모래톱 사이로 조심스럽게 방향을 잡고 파도를 따라 거친 돌로 뒤덮인 해변으로 향했다. 섀클턴은 탐험대에서 가장 어린 블랙보로에게 가장 먼저 상륙하는 영광을 주겠다고 약속했지만 블랙보로는 아무런 움직임도 없이 계속해서 자리에 앉아 있었다.

"지체하지 않도록 블랙보로를 배 가장자리로 약간은 거칠게 데리고 갔다. 하지만 블랙보로는 바닥에 주저앉더니 움직이질 못했다. 나는 그제서야 상황을 깨달았다. 그의 두 다리가 모두 심한 동상에 걸려 있다는 사실을 잊고 있었던 것이다."

윌스 호에 이어 더커 호가 무사히 상륙했다. 하지만 제임스 커드 호는 너무 크고 무거워서 좁은 해변에 가까이 댈 수가 없었다. 커드 호의 대원들은 모래톱을 따라 배를 끌고 온 다음 다른 배들 옆으로 힘겹게 끌어올렸다.

모두들 휘청거리며 땅에 올라섰다. 헐리는 '베스트 포켓 코닥' 카메라를 들고 상륙 장면과 엘리펀트 섬에서의 첫 식사 장면을 찍기 위해 분주히 뛰어다녔다.

"몇 명은 외딴섬에서 엄청나게 많은 술을 마신 사람처럼 해변 여기저기를 비틀거리며 걸었다." 섀클턴은 이렇게 적었다. 그는 이 장면을 거의 코미디처럼 우스꽝스럽게 표현하고 있다. 그러나 대원들의 일기를 보면 이번 보트 여행에 얼마나 많은 고통이 뒤따랐는지를 충분히 눈치챌 수 있을 것이다.

"많은 사람이 일시적인 이상 증세를 보였다." 헐리는 당시의 상황을 이렇게 기록했다. "목적 없이 그냥 걷기도 하고, 마비 증상을 보이거나 경련을 일으키는 사람도 있었다." 맥니쉬는 더욱 직설적으로 적었다. "허드슨은 돌아버렸다."

돌을 주머니에 잔뜩 집어넣거나 해변을 마구 뒹구는 사람도 있었다. 어떤 대원은 거친 자갈 사이에 얼굴을 깊이 파묻기도 했다.

"윌스 호에서는 두 명만이 멀쩡했다." 워디는 이렇게 적었다. "절반 정도가 정신이 나갔다. 한 명은 도끼를 들고 애꿎은 물개 10마리를 죽였다……. 커드 호에는 그 정도까지 된 사람은 없었다."

그들은 남극의 겨울 바다에서 작은 배를 타고 7일 동안을 공포에 떨며 보냈다. 부빙 위에 허술한 캠프를 설치하고 변변한 식량도 없이 170일이나 표류했으며, 1914년 12월 5일 이후 497일 만에 처음으로 육지에 상륙한 것이다. 물개 스테이크로 식사를 한 대원들은 슬리핑백을 땅 위에 펴고 나란히 누워 육지에서의 첫 밤을 보냈다.

엘리펀트 섬

4월 17일. 섀클턴은 사람들을 이끌고 프랭크 와일드가 발견한 10km 떨어진 곳으로 갔다.
'발견자'의 이름과 사나운 날씨를 생각하여 '케이프 와일드'로 불렀지만
선원들은 '케이프 블러디 와일드'라고 했다. 캠프를 치자마자 5일 동안 내리 눈보라가 몰아쳤다.

엘리펀트 섬

"이렇게 거칠고 험한 해안은 한 번도 본 적이 없다. 하지만 눈이 내리고 구름이 베일을 벗으면 이 황량한 절벽에서도 심오한 웅장함이 느껴진다. (…) 경이롭다는 생각이 든다. '한 사람 한 사람의 가치를 생각하게 하는 황량한 웅장함을 간직한 땅'."
—헐리의 일기

"많이 자지 못했다." 베이크웰은 그날을 이렇게 회상했다. "축축한 슬리핑백 속에 드러눕자 온몸이 혼곤하게 풀렸다. 다시 육지를 밟게 된 것이 꿈만 같았다. 밤에 몇 번이나 잠을 깼고, 나와 마찬가지로 너무 행복해서 잠을 이루지 못한 대원들이 많았다. 우리는 불 옆에 둘러앉아 먹고 마시고 담배를 피며 지난 일들을 즐겁게 이야기했다."

엘리펀트 섬은 그들의 피난처였지만 그리 안락한 곳은 아니었다. 배를 끌어다 놓은, 좁고 자갈이 많은 해변은 높은 파도를 제대로 막아주지 못했다. 다음 날 아침에 와일드는 더커 호를 타고 더 좋은 장소를 찾아 해변을 둘러보러 떠났다. 저녁 무렵에 돌아온 그의 보고에 의하면 북쪽 해안으로 10km쯤 떨어진 곳에 적당한 장소가 있었다.

17일. 날이 밝자 대원들은 배에 물건을 싣기 시작했다. 비상 식량 박스는 바위틈에 깊이 보관했다. 그것까지 배에 실을 힘이 남아 있는 사람이 아무도 없었던 것이다. "험한 날씨에도 불구하고 '캐슬록(Castle Rock)'이라고 이름 붙인 그곳을 향해 갔고, 마침내 목적지에 도달했다." 워디는 이렇게 적었다.

새로운 캠프는 약간 더 넓긴 했지만 여전히 불안했다. "그렇게 거칠고 황량한 해변은 본 적이 없다." 힐리는 목적지에 도착하자마자 이렇게 썼다. "넓었지만 위험스럽게 보였고 아래쪽의 험한 파도가 위협적이었다." 대신 물개와 펭귄 등 야생 동물이 많았고, 얕은 개울에서는 몇몇 조개류도 발견되었다. 하지만 이 섬의 이름에 어울리는 바다코끼리는 전혀 보이지 않았다.

물개 스테이크와 뜨거운 우유로 식사를 한 대원들은 허술한 텐트를 손질한 다음 젖은 슬리핑백 속으로 들어갔다. 그날 밤, 갑자기 불어닥친 눈보라로 인해 가장 큰 텐트가 찢어졌고 다른 텐트들은 완전히 무너져버렸다. 몇몇 대원은 보트로 기어갔고 다른 사람들은 부서진 텐트 밑에 누운 채 차갑게 젖은 돛으로 얼굴을 덮었다. 이 예상치 못한 강풍에 알루미늄 냄비와 속옷, 가방 등 귀중한 물건들이 어디론가 날아가 없어졌다.

텐트가 없어 슬리핑백이 흠뻑 젖었다. 체온으로 인해 몸뚱이 밑의 눈이 녹으면서 지독한 악취가 곳곳에서 풍겨나기 시작했다. 펭귄 서식지였던 이곳에 펭귄 떼가 남기고 간 오물인 '구아노'가 눈과 함께 덩달아 녹고 있는 것이었다.

4월 20일. 섀클턴이 대원들을 모아 놓고 중대 발표를 했다. 그의 지휘 아래 몇몇 대원들이 제임스 커드 호를 타고 사우스 조지아 섬에 있는 포경기지로 간다는 것이었다. 이제 막 엘리펀트 섬에 도착한 처지에서 그건 실로 엄청난 계획이었다.

여기에서 사우스 조지아 섬까지는 무려 1,000km. 지금까지 온 거리의 10배가 넘는다. 그토록 멀고 까마득한 곳을, 겨우 6m 길이의 갑판도 없는 배를 타고, 지구에서 가장 험난한 바다 위로, 그것도 겨울에 지나가야 하는 것이다.

그 바다에는 시속 100km의 바람이 불고 20m 높이의 거대한 파도가 기다리고 있다. 운이 따르지 않으면 훨씬 심한 상황을 만나게 될지도 모른다. 육분의와 크로노미터만을 갖고 중간에 육지가 전혀 없는 바다를 지나 그 작은 섬을 향해 가야 한다. 게다가 날씨 또한 항해에 적당하지 않다. 이 계획은 만만찮은 것이었을 뿐만 아니라, 대원들 중 선원이라면 누구나 그렇게 생각했듯이 "도저히 불가능했다".

"6명이 커드 호를 타고 조지아로 간다." 맥니쉬는 이렇게 적었다. "대원은
어니스트 경,
선장,
크린,
맥니쉬,
맥카티,
빈센트이다."

이 간략한 표현에서 항해에 참가하게 된 맥니쉬의 커다란 자부심을 느낄 수 있다. 섀클턴은 맥니쉬에게 즉시 커드 호의 상태를 점검하고 필요한 수리를 하라고 지시했다. "그저 가만히 앉아 아무것도 하지 않는 것은 전혀 그답지 않은 모습이다." 맥클린은 이렇게 적었다. "페이션스 캠프에서 이미 대장의 그런 모습을 보았다."

항해 준비가 시작되었다. 맥니쉬는 얼음 때문에 생긴 배의 구멍을 수리하고 여기저기 손질을 하느라 바쁜 나날을 보냈다. 목재가 부족했기 때문에 전체 갑판 만드는 일을 포기하고 돛으로 덮을 수 있는 골격만 만들었다. 그가 부족한 연장과 곱은 손으로 만든 '작품'을 관객들 앞에 공개한 것은 4월 22일이었다.

"이 목수는 매우 제한된 재료로 훌륭한 일을 해냈다." 오들리는 이렇게 적었다. "더들리 더커 호에서 뜯어낸 돛대를 안쪽 용골에 묶어 선체가 훨씬 강화되었다." 커드 호는 러그슬(돛대에 비스듬히 매단 사각형 세로 돛—역주)과 지브(삼각형 돛—역주)를 구비한 큰 돛대와, 러그슬만으로 이루어진 작은 돛대를 갖추고 있었다.

커드 호

4월 20일. 섀클턴은 6m 길이의 제임스 커드 호를 타고 1,000km 떨어진 사우스 조지아 섬으로 가겠다는 선언을 했다. 맥니쉬는 이 험난한 여행을 할 수 있도록 제임스 커드 호를 개조했다. 4월 21일. 맥니쉬는 일기에 이렇게 적었다. "모든 사람이 펭귄 껍질을 벗기고 고기를 만들었다. 일부는 돛으로 갑판을 만들었다. 나와 마츤, 맥리오드는 커드 호 수리를 하느라 정신이 없다. (…) 환자가 다섯 명이나 된다. 심장에 이상이 있는 사람도 있고, 동상이 심한 사람도 있다." 이 사진 원판이 일부 수정되었지만, 흐려진 부분을 잘 보이게 한 정도에 불과하다.

24일. 이틀 동안 계속되던 사나운 날씨가 수그러들자 섀클턴은 곧바로 커드 호의 출항을 결정했다. 밸러스트(선체의 안정을 유지하기 위해 배 바닥에 싣는 무거운 물건—역주) 대신 담요로 만든 가방에 총 1톤가량의 자갈과 돌을 넣은 다음 바닥에 실었다. 또 헐리가 인듀어런스 호에서 가져온 펌프와 노 4개를 실었다. 그밖에도 파도를 막고 거친 물살을 진정시킬 목적으로 고래 기름 주머니를 실었고, 얼음을 녹인 물 2통도 실었다.

헐리는 배에 실은 물품들의 목록을 다음과 같이 적었다.

'선장' 프랭크 워슬리

섀클턴은 힘든 항해에 같이 갈 사람을
신중하게 골랐다. 워슬리는 이미
탁월한 능력을 발휘해 배 3척을 모두
엘리펀트 섬에 안전하게 상륙시켰다.
오랫동안 뉴질랜드 정부의 증기선을 탔기 때문에
작은 배를 타고 항해하는 데 뛰어났다.

톰 크린

와일드는 엘리펀트 섬에 그가 남기를 바랐지만,
섀클턴은 크린을 커드 호에 데리고 가길 원했다.
스콧의 마지막 탐험에서 용맹함을 발휘하여
앨버트 훈장까지 받은 이 거친 뱃사람은
어디에서나 절대 필요한 존재라는 것을
모두 인정했다. 크린은 불굴의 사나이였다.

성냥 30상자, 석유 35리터, 알코올 1통, 불쏘시개 10상자, 신호탄 1상자, 스토브 2개와 부품, 요리도구 1세트, 슬리핑백 6개, 비상 의복(양말 등)

식량 : 비상 식량 3상자(300개), 견과류 2상자(200개), 비스킷 2상자(600개), 각설탕 1갑, 우유 30봉지, 쇠고기즙 깡통 1개, 소금 깡통 1개, 물 160리터, 얼음 50kg

이외에도 육분의, 쌍안경, 나침반, 양초, 고래 기름, 닻, 해도, 낚싯줄과 삼각대, 실과 바늘, 미끼로 쓸 고래 기름 약간, 끝에 고리가 달린 긴 상앗대, 기압계를 챙겼다.

그물을 손질하고 있는 인듀어런스 호의 갑판장, 1915년

트롤 어선을 타고 북대서양에서 일했던 존 빈센트는 전체 대원 가운데 신체적으로 가장 강했다. 거친 행동 때문에 많은 문제가 있었지만, 엘리펀트 섬까지 오는 동안 그는 누구보다도 뛰어난 능력을 발휘했다. 섀클턴은 그를 커드 호에 데리고 가기로 했다. 힘이 있고 경험이 풍부한 면도 있었지만, 그를 데리고 가면 엘리펀트 섬에 남은 사람들 사이에 문제가 줄어들 것으로 생각했기 때문이기도 했다.

섀클턴은 엽총과 탄창, 도끼 2개를 챙겼다. 맥니쉬는 손도끼를 포함해 남은 연장들을 가방에 집어넣었다. 식량은 4주 정도 버틸 분량이었다.

"그때까지 사우스 조지아 섬에 도착하지 못하면, 우리는 죽고 말 것이다." 섀클턴은 이렇게 적었다.

섀클턴은 만일 이번 탐험이 실패할 경우 남은 두 척의 배를 끌고 봄에 디셉션 섬으로 가라고 와일드에게 명령했다. 또한 그는 이곳에 남는 대원들의 지휘를 와일드에게 맡겼다. 와일드는 자기도 함께 가겠다고 했지만 엘리펀트 섬이건 다른 어디에서건 섀클턴이 믿고 맡길 만한 사람은 오직 와일드밖에 없었다. 그날 두 사람은 밤늦도록 많은 이야기를 나눴고, 와일드는 섀클턴의 마지막 명령을 차분하게 받아들였다.

다음 날 아침, 대원들은 커드 호를 모래톱 너머 앞바다에 띄웠다. 그러고는 농담과 거친 장난을 해가며 필요한 물품들을 윌스 호로 실어 날랐다. 마침내 모든 준비가 끝나자 섀클턴은 와일드와 마지막 담배를 피우고 악수를 한 다음 커드 호에 올랐다. 오후 12시 30분. 아무런 의식이나 연설도 없이 곧바로 위대한 항해가 시작되었다.

"동료들에게 마지막 인사를 했다." 맥니쉬는 이렇게 적었다. "그리고 출발했다." 이윽고 제임스 커드 호가 출발하자 해안에 서 있던 대원들이 일제히 모자를 흔들고 팔을 들어올리며 환호성을 질렀다.

"행운을 빕니다, 대장님!"

작은 카메라를 들고 해안에 서 있던 헐리가 이 순간을 사진에 담았다.

출발 직전에 섀클턴은 프랭크 와일드에게 다음과 같은 편지를 썼다.

프랭크 와일드에게

사우스 조지아 섬까지의 이번 여행에서 내가 돌아오지 못한다면, 남은 대원들의 구조에 최선을 다해주기 바랍니다. 이 배가 엘리펀트 섬을 떠난 그 순간부터 당신이 모든 권한을 가지며 전 대원이 당신의 명령을 따르게 될 것입니다. 만약 영국으로 돌아가거든 위원회에 연락하여 오들리, 헐리와 함께 책을 쓰도록 하십시오. 나와 관계된 문제들에 대해서도 신경 써주기 바랍니다. 당신이 영국과 유럽에서 강연하고 헐리는 미국에서 강연하도록 하는 데 합의한 사항이 다른 편지에 적혀 있습니다.

당신을 믿습니다. 당신의 삶과 인생에 하나님이 함께하길 빕니다. 나를 아는 모든 사람들에게 사랑했다는 말과 내가 최선을 다했다는 말을 전해주기 바랍니다.

1916년 4월 23일, 엘리펀트 섬에서
어니스트 섀클턴

"해안에 서 있던 사람들 모두가 가슴 아파했다." 워슬리는 이렇게 적었다. "모두들 용감하고 낙천적인 모습으로 떠났다."

커드 호가 떠나자 남은 사람들은 바람이 몰아치는 외로운 캠프로 돌아갔다. 어느 누구도 이때의 감상을 일기에 적어놓지 않았다.

대원들의 입장에서 볼 때 와일드에게 부여된 권한은 별로 부러울 것이 못 되었다. 지쳐 있고 의기소침하고 반항적인 21명의 대원들을 책임져야 했기 때문이다. 특히 동상에 걸린 블랙보로의 상태는 아주 심각한 것이었다.

캠프를 설치한 황량한 바위가 강풍과 눈보라로 인해 매일 조금씩 기울어지고 있었다. 옷가지도 충분하지 않았고 안전한 피난처도 없었다. 펭귄과 물개를 제외하면 식량과 연료도 충분하지 않았다. 게다가 펭귄과 물개를 언제까지 잡을 수 있을지도 알 수 없었다. 전체적으로 지금의 상황은 험난한 항해와 별반 다를 것이 없었다.

섀클턴이 솔직하게 썼듯이, 제임스 커드 호의 항해가 성공을 거두지 못한다면 "엘리펀트 섬에는…… 생존의 가능성이 전혀 없었다".

커드 호의 출항

4월 24일 아침 커드 호의 출항 준비가 끝났고 날씨가 좋아지자
섀클턴은 가능한 한 빨리 떠나기로 결정했다. 대원들이 배 주위에 모여 진수 준비를 하고,
커드 호에 실을 짐을 운반할 스탠콤 윌스 호는 해변 우측에 있다.

커드 호의 출항

"4월 24일 월요일. 좋은 아침이었고 나는 해가 뜨자 곧장 배로 가서 작업을 했다.
오전 10시에 모두 끝냈다. 대원들이 몰려왔고 우리는 출발했다. (…) 배를 띄우자 큰 파도가 밀려왔고
어찌할 틈도 없이 배는 거의 뒤집힐 뻔했다. 나와 빈센트는 물에 빠졌다."
―맥니쉬의 일기

"바위와 모래톱이 미로처럼 얽힌 위험한 곳을 지나느라 아주 힘들었다."
―헐리의 일기

커드 호에는 돛대가 2개 있었다. 돛에 대한 사진이나 설명은 없지만 누더기 같았을 것이다.
네모형이고 활대로 돛을 매달았을 것이다.

커드 호에 물품 선적

약 1톤 무게의 자갈과 돌을 커드 호의 밸러스트로 사용했다. 이 사진을 보면 대원들이
자갈이 가득 들어 있는 포대(담요로 만든)를 윌스 호에 싣고 있다. 대원들 앞에 뱃머리가 조금 보인다.
커드 호는 윌스 호가 물품을 갖고 오길 기다리고 있다.

출발 준비

헐리는 이 사진을 '엘리펀트 섬 상륙'이라고 설명했지만,
경치(와 눈 내리는 모습)를 보면 커드 호가 출발하던 날 찍은 것이 분명하다.
스탠콤 윌스 호가 커드 호로 물건을 실어 나르기 위해 네 번째 출발 준비를 하고 있는 장면이다.
로프에 매달린 채로 물위에 있는 것이 커드 호의 물통이다.
뱃머리(해안 방향)에서 로프를 잡고 있는 인물이 섀클턴으로 추정된다.

커드 호에 물건을 실어 나르는 스탠콤 윌스 호

"윌스 호가 해안으로 올 때마다 모두 물건을 싣느라 흠뻑 젖었다."
―워디의 일기

헐리는 이 사진의 제목을 '엘리펀트 섬의 구조 장면'이라고 했지만,
이 배는 분명히 스탠콤 윌스 호이며 커드 호에 물건을 옮기는 장면의 일부이다.

6부

제임스 커드 호의 항해

사우스 조지아 섬

"실망 그 자체였다. 급경사의 절벽 아래 500m 지점에는 온통 얼음이 가득했다." —섀클턴 자서전 《사우스》

> 25일 화, 하루종일 가벼운 남서풍이 불고 잔뜩 흐림.
> 26일 수, 강한 서 - 남서풍, 흐림, 170km 항해.
> 27일 목, 강한 북풍, 흐림, 강한 돌풍.
> 28일 금, 가벼운 북서풍과 서풍, 안개, 높은 파도.
> 29일 토, 조금 강한 서풍과 남서풍, 큰 파도.
> 30일 일, 오전 8시 다시 파도, 오후 3시 닻 내림,
> 강한 물보라가 배에 부딪쳐 단단히 얼어버림.
> 5월 1일 월, 남남서 강풍, 해묘와 세로돛, 정지.
> 5월 2일 화, ……
> ─해리 맥니쉬의 일기

새클턴의 말대로 "이후 16일간 격렬한 파도를 헤쳐나가는 힘든 투쟁이 계속되었다". 황량한 해변에 줄지어 서 있는 대원들을 뒤로하고 떠난 지 한 시간 반 정도 지나자 커드 호의 앞에 예전의 그 원수 같던 부빙군이 나타났다. 하지만 떠나기 전에 미리 물길을 확인해둔 덕분에 어두워질 무렵에는 얼음을 통과하여 넓은 바다에 들어설 수 있었다.

상대적으로 수월했던 첫날이었지만 대원들의 몸은 물보라와 파도로 인해 흠뻑 젖어버렸다. 평소에 입던 바지 속에 모직 속옷을 껴입고 스웨터, 모직 양말, 장갑, 털모자로 무장하고, 버버리 작업복을 걸쳤지만 젖는 것만은 피할 수 없었다. "방풍은 되었지만 방수 기능은 없었다." 워슬리는 이렇게 적었다.

섀클턴은 일단 북쪽으로 며칠간 항해할 생각이었다. 얼음에서 벗어나 비교적 따뜻한 곳까지 올라간 다음에 사우스 조지아 섬이 있는 동쪽으로 방향을 잡을 계획이었던 것이다. 거리로만 따진다면 서쪽의 케이프 혼이 더 가까웠지만 강한 서풍이 부는 상황에서는 사우스 조지아 섬으로 갈 수밖에 없었다.

대원들은 작은 스토브를 힘겹게 고정시킨 채 음식을 만들었다. 그러고는 돛으로 만든 낮은 갑판 위에서 가슴과 배가 거의 맞닿은 불편한 자세로 첫 식사를 했다. 메뉴는 쇠고기와 돼지 기름을 정제한 라드, 오트밀, 설탕, 그리고 소금을 넣어 만든 '진한 잡탕'이었다. 남극대륙 횡단 여행 시에 먹을 비상 식품으로 가져왔던 것이었다.

식사가 끝나자 맥니쉬, 크린, 맥카티, 빈센트는 젖은 슬리핑백 속으로 기어 들어갔고 워슬리와 섀클턴이 경계 임무를 맡았다. 맑고 차가운 하늘엔 남십자성이 밝게 빛나고 있었다. 북쪽으로의 항해를 도와주는 훌륭한 길잡이였다.

새벽이 되어 크린이 스토브에 불을 붙였을 때, 커드 호는 엘리펀트 섬에서 약 90km를 항해했다. 오후에는 서-남서 방향에서 강풍이 일더니 높은 파도가 위험하게 다가와 배를 심하게 흔들었다. 섀클턴은 대원들을 두 팀으로 나눈 다음 번갈아 경계를 서게 했다. 섀클턴과 크린, 맥니쉬가 한 조가 되었고 워슬리, 맥카티, 빈센트가 다른 조가 되어 4시간마다 교대를 하기로 했다.

"세 명은 물에 흠뻑 젖은 채로 슬리핑백 속에 들어가 잠을 잤고, 세 명은 갑판 위에 있었다. 한 명이 한 시간 동안 배를 조종했고 다른 두 명은 물을 퍼내거나 돛을 맡았다. 특별히 할 일이 없으면 우리의 '살롱'(배에서 가장 넓은 부분으로 모두 모여 식사를 하는 곳)에 앉아 쉬었다." 워슬리는 이렇게 적었다.

'아래로' 들어가는 것은 끔찍한 일이었다. 물에 잠긴 밸러스트 사이의 공간은 고작 1.5m × 2m 정도에 불과했다. 대원들은 물에 흠뻑 젖은 무거운 옷을 입은 채 돌 위를 한 줄로 나란히 기어서 각자의 슬리핑백 속으로 들어갔다. 배가 흔들리고 물이 들어오면 이 좁은 공간에 산 채로 갇혀 죽는 것이 아닌가 하는 두려움이 엄습

했으며, 졸다가도 익사할 것 같은 기분에 퍼뜩 잠이 깨는 경우가 많았다.

"휴식다운 휴식을 갖지 못했다." 섀클턴은 이렇게 적었다. 낡은 순록 가죽 백은 심하게 찢어져서 털이 사방으로 날렸다. 대원들의 옷과 음식, 심지어 입에서도 털이 나왔다. 저녁 6시부터 다음 날 아침 7시까지 이어지는 긴 밤을 대원들은 마냥 무료하게 보냈다. 항해 첫날 밤에 어두운 바다 어디에선가 펭귄의 울음소리가 들려오자 모두들 길을 잃은 영혼의 소리라고 생각했다.

세 번째 날엔 눈이 내리고 바람이 심했지만 구름 사이로 해가 잠시 보였다. 워슬리는 그때를 틈타 육분의를 고정하고 잽싸게 측정을 끝냈다. 계산하는 데 필요한 천문력과 해도가 심하게 훼손되었고 몇몇 페이지는 서로 달라붙기까지 했지만 그런 상황에서도 워슬리는 빠른 속도로 계산을 끝냈다. 현재 위치는 엘리펀트 섬으로부터 약 200km. 예상했던 위치에서 많이 벗어나 있었다.

그날 오후부터 강풍이 다시 불더니 24시간 동안 계속되었다. 바닷물이 커드 호의 좌현 너머로 쏟아져 들어왔다. 돛으로 만든 갑판이 물의 무게 때문에 축 늘어져 당장이라도 무너질 것만 같았다. 이 갑판은 맥니쉬가 물품 상자에서 뽑아낸 작은 못으로 겨우 고정되어 있는 상태였다. 이들의 위험한 상황을 다시 일깨워주기라도 하듯이, 어느 부서진 배의 잔해가 그들 옆을 출렁거리며 지나갔.

"3분이나 4분마다 우리는 흠뻑 젖었다." 워슬리는 이렇게 적었다. "이런 상태가 밤낮으로 계속되었다. 너무나 추웠다."

가장 힘든 일은 펌프 작동이었다. 배에 들어온 물을 퍼내려면 한 사람이 맨손으로 펌프를 바닥에 놓고 꽉 잡아야 했다. 하지만 이런 상태로는 한 번에 기껏해야 5분이나 6분 이상을 견딜 수 없었다.

5일째인 4월 28일 오후엔 워슬리의 표현대로 "세상에서 가장 높고, 가장 넓고, 가장 긴 파도"가 닥쳐왔다. 파도가 몰아치면 이 작은 배는 하늘 높이 올라갔다가 가파르게 곤두박질을 쳤다. 다음 날 역시 서-남서풍이 강하게 불고 파도가 심해 위태롭게 출렁거렸지만 그래도 북동 방향으로 150km나 순조롭게 달려갈 수 있었다. 이제 엘리펀트 섬은 380km나 떨어진 곳에 있는 아득한 땅이었다.

4월 30일. 바람이 심해지면서 엄청난 파도가 밀려왔다. 커드 호가 파도에 휩쓸려 뒤집힐지도 모른다고 생각한 섀클턴은 더 이상의 전진을 중단하고 일단 배를 고정시키기로 했다. 닻의 작용으로 배의 표류는 막았지만 바람을 정면으로 맞고 있는 탓에 높은 파도가 쉴새없이 쏟아져 들어왔다.

섀클턴은 이렇게 적었다. "거대한 파도가 부딪치며 만들어낸 터널 같은 구멍이 보였다." 비틀거리는 배에 부딪친 파도는 곧바로 얼어버렸고, 8일째가 되면서 커드 호의 움직임이 점점 위험스러워졌다. 나무와 돛, 줄이 꽁꽁 얼어붙은 채 간신히 물에 떠 있는 상태였다. 잠시 후, 40cm 두께의 얼음 갑옷을 입은 커드 호가 천천히 가라앉기 시작했다.

당장 조치를 취해야 했다. 바람이 아우성치고 물이 쏟아져 들어오는 상황에서 대원들은 미끄러운 갑판 위를 조심스럽게 기어다니며 얼음을 떼어냈다. 워슬리는 "어둠 속에서 미끄러운 갑판을 기어올라가는 상상할 수도 없는 어려움과 위험"을 표현하려 애썼다. 배가 크게 흔들리면서 빈센트가 미끄러지는 모습이 보였다. 다행히도 그는 배에서 막 떨어지려는 순간에 돛을 움켜잡았다.

대원들은 꽁꽁 얼어붙은 얼음을 세 번이나 떼어내야 했다. 도끼나 칼을 사용하긴 했지만 말할 수 없이 힘든 작업이었으며, 그 와중에도 돛으로 만든 갑판이 찢어지지 않도록 각별히 조심해야 했다. 이 갑판은 비록 빈약하나마 그들의 유일한 피난처였으며, 만일 갑판이 사라진다면 그들 역시 살아남을 수 없을 것이기 때문이다.

다음 날 아침, 배가 심하게 흔들리면서 닻을 연결한 밧줄이 얼음 조각에 의해 싹둑 잘려 나갔다. 당장 돛을 올리지 않으면 배가 뒤집혀버릴지도 모르는 위급한 상황이었다. 갑판에서 얼음을 떼고 있던 대원들은 얼어버린 돛을 다시 올리기 위해 필사적으로 발버둥을 쳤다. 천만다행으로 즉시 돛이 올라갔고, 커드 호는 전복의 위험에서 빗어날 수 있었다.

"하루종일 강풍이 불어 배가 뒤집히지 않도록 하느라 정신이 없었다." 섀클턴은 고통스러웠던 그날의 상황을 솔직하게 적었다. 대원들 모두가 뼛속까지 젖고 얼었다. 7개월 동안 벗지 않은 젖은 옷 때문에 몸을 추스리기가 더욱 힘들었다. 젖은 발과 다리는 하얗게 변한 채 심하게 부풀었고, 손은 때와 고래 기름, 동상, 스토브의 연기 때문에 시커멓게 변해 있었다. 손끝을 약간 움직이기만 해도 전신에 고통이 느껴질 정도였다.

"가능하면 가만히 앉아 있었다." 워슬리는 이렇게 적었다. "조금이라도 움직이면 젖은 옷 때문에 옆구리와 어깨가 더 추웠다. 하지만 잠시 동안 아주 조용히 앉아 있다 보면 인생은 그런 대로 살 만한 가치가 있다는 생각이 들었다."

이런 상황에서는 뜨거운 음식만이 유일한 위안이었다. 섀클턴은 낮에 4시간마다 대원들에게 뜨거운 음식을 먹게 했으며, 밤에 경계를 서는 동안에는 4시간마다 아주 뜨거운 분말 우유를 마시도록 했다.

"두 명은 거의 죽기 일보직전이었다." 워슬리는 그들의 상태를 계속 적었다. "대장은 계속해서 사람들의 맥박을 짚어보았다. 누군가 심하게 떨고 있으면 즉시 뜨거운 우유를 준비하여 모두에게 먹이라고 명령했다. 그러면서도 자기 몫을 나누어준다는 사실만은 아무도 모르게 했다."

추위를 이기기 위해 대원들은 사나운 바다를 진정시킬 목적으로 갖고 왔던 고래 기름을 마시기도 했다. 하지만 이 기름은 강풍이 불 때 한 번 사용할 정도에 불과했으며, 이미 10일 동안이나 강풍이 불고 있는 중이었다.

힘겨운 상황 속에서도 맥카티는 모든 사람을 부끄럽게 했다. "지금껏 내가 만난 사람들 가운데 도저히 어떻게 해볼 수 없는 가장 낙천적인 사람이다." 워슬리는 맥카티를 이렇게 평가했다. "키를 잡고 있거나 배의 얼음을 떼어내고 물을 퍼내는 그 사람에게 다가가면, 그는 언제나 행복한 표정을 지으며 '좋은 날입니다'라고 말했다."

5월 2일 자정. 바닷물을 잔뜩 뒤집어쓴 워슬리를 대신하여 섀클턴이 키를 잡았다. 벌써 8시간째 강풍이 불었고 눈이 계속 내렸으며 파도가 심하게 몰아치고 있었다. 키를 잡고 있던 섀클턴은 뒤쪽으로 맑은 하늘이 나타나는 것을 보고는 아래에 있는 대원들에게 드디어 날이 개고 있다고 소리쳤다.

"잠시 후, 내가 본 것이 구름이 갈라진 맑은 하늘이 아니라 거대한 파도의 흰 물마루임을 깨달았다. 바다에서 26년이나 지내며 온갖 경험을 했지만 그렇게 거대한 파도는 한 번도 본 적이 없었다. 마치 바다가 어떤 엄청난 힘에 의해 한꺼번에 폭발하는 것 같았다. '이런 젠장! 꽉 붙잡아! 온다!' 나는 정신없이 소리쳤다."

거대한 파도가 그들을 덮쳤다. 허우적거리던 배가 위로 올라가더니, 섀클턴의 표현에 따르면 "파도의 강타를 맞아 부들부들 떨었다." 커드 호의 공간 중 절반 이상이 바닷물로 채워졌고, 대원들은 죽을힘을 다하여 그 물을 바깥으로 퍼냈다. 여섯 명이 꼬박 한 시간 동안 퍼내야 했을 정도로 엄청난 양이었다.

48시간 동안의 공격이 지나간 5월 3일 아침. 드디어 격렬한 바람이 잦아들면서 구름 사이로 태양이 모습을 드러냈다. 6일간 전혀 위치 확인을 하지 못했던 워슬리가 오랜만에 육분의를 꺼내들었다. 엘리펀트 섬으로부터 약 700km. 어느새 절반 이상을 지나온 것이었다. 대원들의 가슴이 희망으로 한껏 부풀어올랐다.

좋은 날씨가 계속되었고 워슬리의 말대로 '한낮의 은총'을 만끽했다. 출발한 지 12일째 되는 5월 5일에 커드 호는 150km를 달렸다. 항해에 나선 이후 가장 빠른 속도였다. 사우스 조지아 섬의 서쪽 끝에 붙어 있는 윌리스 섬이 이제 겨우 250km 앞에 있었다. 5월 6일, 거대한 파도와 강력한 북서풍이 불면서 잠시 주춤했던 항해는 다음 날 바람이 잦아들면서 다시 순조롭게 이어졌.

이제 워슬리는 자신의 관측대로 목표물이 나타나기를 초조하게 기다렸다. 14일 전에 엘리펀트 섬을 떠난 이후 그는 단 네 번 태양을 보았다. "그 가운데 두 번은 구름 사이로 살짝 보인 것이었다." 워슬리는 자신의 심정을 이렇게 적었다.

안개가 자욱했고 배는 파도에 앞뒤로 밀리며 벼룩처럼 뛰었다. 해의 '림'이 보이지 않았기 때문에 나는 어림짐작으로 중심을 잡고 관측해야 했다. 천문학적으로 '림'은 태양이나 달의 가장자리를 의미한다. 구름이나 안개에 가려지면 정확하게 위치를 측정할 수 없다. '림'이 너무 흐리면 구름 가운데 밝은 부분을 중심으로 잡고 수평선 쪽으로 연결하여 측정할 수밖에 없다. 여러 차례 반복하다 보면 평균값을 구할 수 있고 오차도 그리 크지 않다.

워슬리가 "위치 오차가 15km 정도 된다"고 보고하자 섀클턴은 사우스 조지아 섬의 포경기지가 있는 동쪽 해안보다는 사람이 살지 않는 서쪽 해안을 목표로 하기로 결정했다. 이렇게 하면 설령 섬을 놓치더라도 서풍을 타고 섬 반대쪽으로 갈 수 있기 때문이다. 하지만 동쪽을 목표로 하고 갔다가 실패한다면 배는 서풍에 밀려 영원히 바다 위를 헤매게 될 것이었다. 워슬리의 계산이 옳다면 커드 호는 지금 사우스 조지아 섬에서 불과 130km 떨어진 곳에 있었다.

5월 7일 어둠이 깔릴 무렵, 켈프 조각이 바다 위로 떠내려갔다. 흥분한 대원들은 밤새 동-북동을 향해 항해했고, 15일째 새벽이 되자 마침내 그들 앞에 해초가 보였다. 오래전에 그리트비켄에서 보았던 것과 비슷한 케이프 비둘기와 몰리호크(매의 일종-역주)의 모습이 자주 나타났고 다른 새들도 있었다. 육지가 바로 가까이 있다는 증거였다.

워슬리는 조바심을 내며 하늘을 살펴보았다. 하지만 짙은 안개 때문에 해는 고사하고 1~2km 앞도 제대로 보이지 않았다. 대신 머리 위로 가마우지 2마리가 날아가는 게 보였다. 육지에서 30km 이상 날지 않는 것으로 알려진 새였다. 대원들은 들뜬 기대감으로 지금까지의 모든 어려움을 잊고 한껏 환호성을 질러댔다.

큰 파도가 두어 차례 지나갔다. 정오가 되자 안개가 걷히면서 구름이 서-북서 방향으로 빠르게 움직였다. 다시 30분 정도 지났을 때 맥카티가 갑자기 벼락이라도 맞은 것처럼 펄쩍 뛰며 짧게 부르짖었다.

"육지다!"

"소금에 절어버린 눈앞에 거대한 검은 바위가 보였다." 워슬리는 이렇게 적었다. "한번 보였다가 다시 사라졌다. 우리는 바보같이 웃으면서 서로를 쳐다보았다. '우리가 해냈다'는 생각이 가장 먼저 떠올랐다."

오후 3시에는 앞에 놓인 육지에서 눈 사이로 파릇한 풀이 보였다. 1914년 12월 5일 이후 무려 17개월 만에 처음으로 본 살아 있는 식물이었다.

상륙 지점으로 두 곳이 검토되었다. 북쪽에 있는 윌슨 항은 가깝긴 하지만 바람 방향과 맞지 않아 갈 수가 없었다. 서쪽에 있는 킹 하콘 만으로 갈 경우 도착 시간은 밤이 될 가능성이 많은데, 그렇게 되면 암초의 위험에서 벗어나기가 어려워진다. 결국 두 군데 모두 지금 당장은 배를 몰고 갈 수가 없는 곳이었다. 그렇다고 눈앞에 보이는 낯선 해안에 무작정 상륙할 수는 없었다.

"물과 휴식이 절대 필요했다." 섀클턴은 이렇게 적었다. "그러나 그 당시에 상륙을 시도한다는 것은 자살행위였다. 다음 날 아침까지 기다릴 수밖에 없었다." 항해에서 가장 위험한 일이 모르는 곳에 상륙하는 것임을 그는 잘 알고 있었다.

해가 졌고, 대원들은 어둠 속에서 아침을 기다렸다. 새벽이 되면서 바람이 다시 강해졌고 강풍과 함께 싸라기눈이 내렸다. 커드 호는 해안을 향해 달려드는 거대한 파도 속에 꼼짝없이 갇혀버렸고, 정오 무렵엔 허리케인을 방불케 하는 시속 150km의 엄청난 강풍이 몰려와 배를 해안으로 몰고 갔다.

"그런 끔찍한 광경은 처음 보았다." 워슬리는 이렇게 표현했다. 폭풍우는 "우리를 곧장 험한 해변으로 몰아갔다. 우리는 아무 말도 할 수 없었고, 너무나 두려웠다".

오후 1시. 구름이 갈라지면서 갑자기 그들 앞에 깎아지른 듯한 절벽이 나타났다. 배가 바람을 타고 낯선 절벽을 향해 달려가고 있었다. 절망적인 상황을 맞은 대원들은 이 죽음의 항로에서 벗어나기 위해 필사적으로 몸부림을 쳤다. 바람을 맞아 잔뜩 부풀어오른 돛을 사력을 다해 떼어낸 뒤에야 비로소 대원들은 배의 방향을 틀 수 있었다.

3시간에 걸친 사투 끝에 커드 호는 간신히 안전한 곳으로 물러났다. 하지만 바로 이때 갑자기 안네코브 섬의 눈 덮인 산봉우리가 배를 정면으로 가로막으며 섬뜩한 모습을 드러냈다. 위기를 간신히 벗어나자마자 또 다른 위기가 눈앞에 닥쳐온 것이다.

"당시 내가 어떤 생각을 했는지 분명히 기억난다." 워슬리는 이때의 심정을 이렇게 적었다. "일기를 가져온 것에 대한 후회, 그리고 우리가 어디까지 왔는지 아무도 모를 것이라는 괴로움이었다."

파도에 밀린 커드 호는 더 이상 아무런 저항도 하지 못한 채 가파른 해안을 향해 달려갔다. "마침내 최후의 순간이 왔다고 생각했다." 섀클턴은 이렇게 적었다.

바로 그때, 갑자기 바람이 남서 방향으로 바뀌었다. 그리고 커드 호는 바뀐 조류를 타고 절벽의 그늘로부터 벗어났다. 마지막 순간에 나타난 원인 모를 조류, 혹은 원인 모를 기적. 하지만 대원들 중 누구도 그 이유를 알려고 하지 않았다. 중요한 건 오직 하나, 배가 살아남았다는 것뿐이었다. 장장 9시간 동안이나 대원들을 괴롭혔던 허리케인이 어둠 속에서 서서히 잦아들고 있었.

"우리는 다시 섬에서 멀어졌다. 하지만 너무 지쳐서 아무런 감정도 생겨나지 않았다." 섀클턴은 이렇게 적었다. "밤이 깊어갔다. 너무 지쳤다. 너무나 긴 하루였다."

5월 10일 아침. 바싹 마른 입으로 간신히 아침 식사를 마친 다음 대원들은 킹 하콘 만으로 향했다. 간밤의 폭풍 속에서 해도가 거의 알아볼 수 없을 정도로 망가졌기 때문에 워슬리는 오직 뱃사람의 오랜 경험과 본능만으로 항로를 잡아야 했다.

킹 하콘 만을 향해 가는 대원들의 눈앞에 들쭉날쭉한 모래톱이 나타났다. 섀클턴의 표현에 의하면 배의 통과를 방해하기 위한 '검은 이빨' 같았다. 총 다섯 번에 걸친 시도 끝에야 커드 호는 간신히 그 모래톱을 통과할 수 있었다. 그러자 그때까지 보이지 않던 작은 만이 저만치 앞에서 모습을 드러냈다.

"1분인가 2분 사이에 우리는 그 안으로 들어갔다." 섀클턴은 이렇게 적었다. "어둠이 깔리기 시작했고, 제임스 커드 호는 출렁거리는 너울을 타고 해변에 도착했다."

배에서 뛰어내린 섀클턴은 닳아버린 밧줄을 힘껏 잡아끌었다. 다른 대원들도 모두 해변에 뛰어내려 배를 안전한 곳으로 끌어올렸다. 발밑에는 빙하에서 흘러내린 신선한 물이 흐르고 있었다. 여섯 명의 대원들은 일제히 무릎을 꿇고 마음껏 그 물을 들이마셨다.

간밤에 그들을 괴롭혔던 그 허리케인으로 인해 500톤이나 되는 증기선이 침몰하고 선원들이 모두 죽었다는 얘기를 그들은 나중에야 들었다. 하지만 제임스 커드 호의 항해는 역사상 가장 위대한 항해로 기록될 것이라는 사실을 이 순간의 그들은 알 수도 없었고 신경 쓰지도 않았다.

7부

사우스 조지아 섬

사우스 조지아 섬

지도에도 나와 있지 않은 섬의 내륙.

여섯 명의 대원들은 커드 호를 육지로 더 끌어올리기 위해 배에 실었던 장비와 물건, 밸러스트를 모두 내렸다. 하지만 소용없는 일이었다. 아무것도 싣지 않은 텅 빈 상태에서도 커드 호는 조금도 움직이질 않았던 것이다.

"우리 모두 완전히 지쳐버렸다." 맥니쉬는 이렇게 적었다. "하는 수 없이 배를 밤새 파도에 흔들리도록 내버려두고 한 사람씩 교대로 지켜보게 했다."

작은 만 한쪽에 동굴이 있는 것을 발견한 섀클턴은 대원들을 이끌고 그리로 가서 밤을 보냈다. 다들 젖은 옷을 입은 채로 젖은 슬리핑백 속에 들어가 잠을 자는 동안 섀클턴이 첫 번째로 배를 지켰고, 선 채로 자꾸만 잠에 빠져드는 것을 느낀 새벽 1시엔 크린을 불러 배를 지키게 했다. 다음 날 아침 맥니쉬가 배에서 무거운 목재와 갑판을 떼어낸 뒤에야 대원들은 커드 호를 해변 안쪽으로 끌어올릴 수 있었다.

킹 하콘 만의 북쪽에는 깊은 계곡이 펼쳐져 있었고 남쪽은 가파른 산이었다. 산 밑에서는 거친 풀들이 듬성듬성 자라고 있었다. 대원들은 풀을 뽑아 동굴 바닥에 깔아놓고 그 푹신한 감촉을 즐겼다. 동굴 입구엔 커튼처럼 거대한 고드름이 달려 있어 외풍을 막아주었고, 동굴 안에 피운 불이 바람에 꺼지지 않도록 했다.

섀클턴과 크린은 풀숲으로 덮인 비탈로 올라가 알바트로스 새끼를 잡아왔다. 무게가 5kg이 넘는 4마리의 커다란 새들이 펄펄 끓는 잡탕 솥으로 들어갔고, 대원들은 거기에 쇠고기즙을 잔뜩 쏟아부었다.

"고기가 하얗고 맛있었으며 부드러운 뼈는 입에서 살살 녹았다." 섀클턴은 이렇게 적었다. "기억에 남는 훌륭한 식사였다." 식사를 마친 뒤엔 모두 슬리핑백 속에 누운 채 불에 말린 담배를 피웠다.

"5주 만에 아주 편안했다." 맥니쉬는 만족스러운 기분으로 이렇게 적었다. "지금까지 먹어본 닭고기 수프 가운데 최고였다. 엘리펀트 섬에 있는 우리 동료들이 이런 음식을 보면 과연 어떤 반응을 보일지 궁금하다."

다음 날 섀클턴은 새로운 계획을 발표했다. 그와 다른 두 사람이 섬을 가로질러 반대편의 스트롬니스 포경기지까지 간다는 것이었다. 사람이 살고 있는 가장 가까운 기지인 스트롬니스까지의 직선 거리는 약 35km. 하지만 배를 타고 가려면 해안선을 따라 약 250km를 항해해야 했다. 불안한 날씨와 거의 부서져버린 배를 고려할 때 도저히 엄두를 내지 못할 먼 거리였다.

문제는 지금까지 어느 누구도 사우스 조지아 섬을 가로질러 그런 여행을 한 예가 없다는 점이었다. 이 섬에서 가장 높은 산이라고 해봐야 겨우 해발 3천m 정도였지만 험한 바위와 위험한 크레바스가 곳곳에 있고 대부분이 눈과 얼음으로 뒤덮여 몹시 위험했다. 아무도 넘어본 적이 없는 미지의 산이었고 당연히 지도도 없었다.

"섬의 지형에 대해 아는 것이 거의 없었다." 섀클턴은 이렇게 적었다. "사우스 조지아 섬의 해안에서 안쪽으로 단 1km라도 들어가본 사람은 아무도 없을 것이다. 내가 알고 있던 포경 선원들도 도저히 사람이 들어갈 수 없는 곳이라고들 했었다."

대원들은 4일 동안 마음껏 말리고 쉬고 자자고 먹었다. 섀클턴은 워슬리, 크린과 함께 주변을 꼼꼼히 살폈고 맥니쉬는 커드 호를 수리했다. 섬의 내륙으로 들어가려면 산길이 나 있는 만 꼭대기에서 출발해야 했고, 그곳은 배를 타야만 갈 수 있는 곳이었다.

5월 15일. 북서풍이 불고 안개비가 내렸다. 아침 식사를 마친 대원들은 커드 호에 물품을 싣고 좁은 뱃길을 따라 만을 향해 나아갔다. 파도는 높았지만 한동안 휴식을 취한 덕분에 모두들 기운이 넘쳤다. 정오가 지날 무렵, 커드 호는 바다코끼리를 비롯하여 수백 마리의 동물들이 몰려 있는 널찍한 모래 해변에 도착했다.

대원들은 배를 해변 안쪽에 끌어다 놓고 거꾸로 뒤집었다. 배의 한쪽 끝을 바위에 얹어서 드나들 수 있는 입구를 만들었고, 바닥에는 마른풀을 푹신하게 깔았다. 아늑한 오두막으로 변한 커드 호를 대원들은 디킨즈의 소설에 나오는 배 오두막의 이름을 따서 '페고티 캠프'라고 불렀다.

눈과 우박이 퍼붓는 나쁜 날씨 때문에 3일 동안 새로 만든 오두막에 갇혀 있어야 했고, 섀클턴은 차츰 초조해졌다. 산을 넘을 수 있는 길을 찾기 위해 워슬리와 함께 탐사에 나서기도 했지만 갑작스러운 눈보라 때문에 곧바로 돌아와야 했다.

5월 19일 오전 2시. 마침내 출발 시간이 왔다. 조용하고 맑은 하늘에 보름달이 반짝이면서 더없이 좋은 조건을 만들어내고 있었다. 섀클턴과 크린, 워슬리는 서둘러 아침 식사를 하고 한 시간 뒤에 짐을 꾸려 출발했다. 맥니쉬의 일기장 끝 페이지에 섀클턴은 다음과 같이 마지막 지시 사항을 적었다.

맥니쉬에게

나는 우리의 대원들을 구조하기 위해 이 섬의 동쪽 해안에 있는 허스비크로 갑니다. 빈센트와 맥카티를 당신에게 맡깁니다. 당신은 구조대가 올 때까지 이곳에 남게 될 것입니다. 물개와 새, 생선으로 식사를 해결하며 버텨주기 바랍니다. 총 한 자루와 탄약 50통, 그밖에 식량과 다른 장비들을 두고 갑니다. 겨울이 지날 때까지 내가 돌아오지 않으면 동해안으로 가십시오. 우리가 가는 허스비크는 동쪽 방향입니다.

당신이 며칠 내에 구조될 것이라 믿습니다.

1916년 5월 16일
사우스 조지아 섬에서 어니스트 섀클턴

"슬리핑백을 남겨두고 가볍게 여행을 떠나기로 결정했다." 섀클턴은 이렇게 적었다. 썰매나 다른 장비들을 갖고 움직이기엔 지형이 너무 험했기 때문이다. "3일 분의 비상 식량과 비스킷을 양말 3개에 넣은 다음 각자 짊어졌다." 이밖에도 6회분의 기름을 채운 램프와 성냥 48개, 작은 냄비, 나침반 2개, 쌍안경, 밧줄 30m, 얼음용 손도끼 등을 챙겼다. 워슬리는 크로노미터를 목에 걸었다.

"부빙 위에 있을 때 무거운 부츠를 버리고 왔기 때문에 신을 것이 형편없었다. 상태는 별로 좋지 않더라도 최대한 가벼운 신발을 신기로 했다." 섀클턴은 이렇게 적었다. "맥니쉬는 얼음 위에서 걷기 편하도록 신발 밑창에 나사를 8개씩 박아주었다." 제임스 커드 호에서 빼낸 나사들이었다.

발목까지 푹푹 빠지는 눈 덮인 능선을 기어오른 대원들은 2시간 만에 고도 300m 지점에 도착했다. 아래쪽의 해안이 한눈에 들어왔고 산 너머엔 눈으로 덮인 깊은 골짜기도 보였다. 봉우리 사이의 안부(산마루가 말안장처럼 잘록하게 들어간 부분―역주)를 향해 힘겹게 걷고 있는 사이 짙은 안개가 몰려와서 달을 가렸다. 세 사람은 일렬로 서서 밧줄을 잡은 채 조심조심 안개를 헤치며 나아갔다.

안부 정상에 다다르자 새벽 햇살이 빛나면서 안개가 엷어지기 시작했다. 저 만치 아래쪽에 눈으로 덮인 거대한 호수가 보였고, 대원들은 즉시 그쪽으로 방향을 틀었다. 험한 고원지대를 통과하는 것보다는 호수의 가장자리를 따라 걷는 편이 훨씬 수월할 것 같았기 때문이다. 하지만 호수에 미처 도착하기도 전에 그들은 크레바스의 징후를 감지했고, 자기들이 눈 덮인 빙하 위를 걷고 있다는 사실을 깨달았다.

대원들은 발밑을 조심하며 천천히 걸음을 옮겼다. 그러나 안개가 충분히 걷혔을 때 눈앞에 드러난 풍경은 너무나 뜻밖이었다. 아까 그들이 보았던 것은 호수가 아니라 섬의 북쪽 해안에 있는 퍼제션 만의 바다였던 것이다. 게다가 그들의 앞에는 도저히 내려갈 수 없는 가파른 얼음 절벽이 가로놓여 있었다. 결국 지금까지 왔던 길을 되돌아가는 것 외에는 다른 방법이 없었다.

다시 힘겨운 행군이 계속되었다. 무릎까지 푹푹 빠지는 가파른 산길 위에서 그들의 몸은 빠른 속도로 지쳐가고 있었다. 30분 간격으로 한 번씩 행군을 멈추고 잠시 휴식을 취할 때면 다들 눈 위에 짚단처럼 힘없이 쓰러져버리곤 했다. 거의 수직에 가까운 절벽이 앞길을 가로막을 때마다 도끼로 발 디딜 곳을 찍으며 한 발 한 발 올라가야 했다.

아침 9시에 눈을 파고 스토브를 설치한 뒤 간단한 식사를 한 대원들은 잠시 후 손가락 같은 5개의 봉우리로 이루어진 산에 도달했다. 봉우리들 사이의 협곡은 그 너머의 땅으로 갈 수 있는 각기 다른 길처럼 보였다. 섀클턴은 일단 가장 가까운 남쪽 계곡을 목표로 삼은 다음 손도끼로 계단을 만들며 대원들을 이끌었다.

"실망이었다." 첫 번째 협곡에 올라갔을 때의 느낌을 섀클턴은 이렇게 적었다. "아래쪽은 얼음덩어리가 뒹구는 까마득한 절벽이었다. 내려갈 길이 전혀 없었다." 그들은 세 시간이나 걸려 올라갔던 비탈을 다시 되짚어 내려와야 했다.

식사를 하고 난 다음 두 번째 협곡을 향해 올라가기 시작했다. 하지만 이번에도 역시 결과는 마찬가지였다..

"하늘 높이 치솟은 거대한 검은 바위산 사이에 섰다." 워슬리는 이렇게 적었다. "앞에 알라디스 산맥이 있었고, 눈 덮인 거대한 봉우리가 끝도 없이 아득하게 펼쳐졌다. 봉우리 옆으로는 보기만 해도 아찔한 엄청난 빙하가 앞길을 가로막고 있었다."

그들은 다시 비탈을 내려와 세 번째 도전에 나섰다.

"훨씬 더 가파른 길이었다." 워슬리는 이렇게 적었다. "해발 1,000m까지 올라가야 했던 이 세 번째 시도는 유난히 힘들고 고통스러웠다." 오후 4시경에 그들은 협곡의 꼭대기에 도착했다. 이미 해가 넘어가면서 추운 밤이 다가오고 있었다.

하지만 이곳 역시 다른 곳과 다를 바가 없었다. 워슬리의 말대로 "오후 내내 헛수고만 하고 만 것이다." 약 13시간에 걸친 강행군으로 세 사람은 완전히 지쳐버렸으며 온몸이 거의 마비 상태에 이르고 있었다.

하지만 쉬고 싶다거나 포기하고 싶다는 생각은 누구도 하지 않았다. 섀클턴은 다른 두 사람이 절대 주저하거나 불평하지 않으리라는 것을 잘 알고 있었다. 그들 또한 섀클턴이 새로운 길 찾기에 나설 것임을 믿어 의심치 않았다. 몇 번째 되풀이되는 실패에도 불구하고 그들은 여전히 포기할 줄 모르는 불굴의 탐험대원들이었다.

이제 남은 것은 가장 북쪽에 있는 마지막 협곡뿐이었다. 그들은 지체없이 새로운 도전에 나서 네 번째 등반을 시작했다.

마지막 협곡으로 향하는 길에는 약 70m 깊이의 큰 계곡이 그들을 기다리고 있었다. 눈과 얼음을 재료로 하여 바람이 만들어놓은 그 '작품'은 이곳의 강풍이 얼마나 매서운지를 대원들에게 생생히 보여주었다. 조심스러운 우회 끝에 그곳을 통과한 대원들은 면도날 같은 얼음을 타고 힘겹게 위로 올라가기 시작했다. 한참 만에 간신히 좁은 능선 위에 올라섰지만 안개와 어둠에 휩싸인 비탈 아래쪽에는 아무것도 보이지 않았다.

"위치가 마음에 들지 않았다." 위슬리는 섀클턴의 말을 이렇게 옮겨 적었다. 변변한 야영 장비도 없이 한밤중에 이렇게 높은 곳에 머물러 있다간 아침을 맞기도 전에 얼어 죽을 것이 불을 보듯 뻔한 일이었다. 진퇴양난의 암담한 상황 앞에서 섀클턴은 몇 분 동안 조용히 생각에 잠겼다.

"무조건 반대쪽으로 내려가자." 드디어 그가 입을 열었다. "달리 어떻게 하겠나?" 대원들은 능선을 넘어 조심스럽게 아래쪽으로 향했다. 섀클턴이 눈 덮인 절벽을 도끼로 찍어 발판을 만들면 대원들이 그걸 딛고 한 번에 몇 센티미터씩 내려가는 식이었다. 그렇게 해서 30분 만에 100m 정도를 내려가자 눈으로 덮인 긴 비탈이 눈앞에 나타났다.

섀클턴은 현재의 상황을 다시 한번 검토했다. 슬리핑백도 없고 옷도 다 해어진 세 사람이 산에서 밤을 보낼 수는 없다. 무조건 계속해서 내려가야 한다. 날씨가 언제 급변할지 모르는 긴박한 상황에서, 섀클턴은 마침내 목숨을 건 대담한 결단을 내렸다.

"미끄러져 내려간다!"

대원들은 로프로 똬리를 만든 다음 썰매처럼 깔고 앉았다. 그러고는 각자 앞 사람을 두 팔로 단단히 껴안았다. 섀클턴이 맨 앞에 앉고 크린이 맨 뒤에 앉은 상태에서, 세 사람은 깜깜한 어둠 속을 향해 위태로운 돌진을 시작했다.

"우주 공간에 던져지는 것 같았다." 워슬리는 이렇게 적었다. "머리가 쭈뼛 곤두섰다. 그러다가 갑자기 흥분이 되더니 저절로 웃음이 터졌다. 그 아슬아슬한 상황을 은근히 즐기고 있었던 것이다……. 나는 흥분한 채 마구 소리를 질러댔고 섀클턴과 크린 역시 함께 소리를 질렀다."

가파르던 비탈이 점차 완만해졌다. 미끄러져 내려가는 속도가 조금씩 떨어지더니 이윽고 눈더미에 부드럽게 부딪치며 정지했다. 잠시 후, 눈을 털고 일어난 세 사람은 엄숙하게 서로의 손을 맞잡으며 이 대담한 모험의 성공을 축하했다. 불과 몇 분 만에 500m나 되는 긴 비탈을 무사히 내려온 것이다.

대원들은 눈 덮인 밤길을 1km 정도 걸은 다음 행군을 멈추고 식사를 했다. 봉우리 위로 떠오른 달이 주변을 밝게 비춰주고 있었다. "수많은 봉우리들이 사방에서 괴기스러운 모습을 드러내며 높이 솟아 있었고, 남쪽으로는 험난한 바위산이 줄지어 있었다. 북쪽에서는 은빛 바다가 가만히 출렁였다." 워슬리는 이렇게 적었다. 섬의 전경이 아까보다 훨씬 뚜렷하게 드러나고 있었다.

자정 무렵 또다시 긴 내리막 비탈이 나타났다. 대원들은 이번엔 엉덩이가 아닌 두 발로 조심스럽게 그 비탈을 내려갔으며, 두 시간이 지나자 앞쪽으로 작은 만이 보였다. 드디어 스트롬니스에 도착했다고 생각한 세 사람은 치밀어오르는 흥분을 가라앉히며 포경기지의 이정표를 찾아 헤맸지만, 갑자기 크레바스가 나타나면서 자기들이 거대한 빙하 위에 서 있음을 알게 되었다.

"스트롬니스에는 빙하가 없다." 섀클턴은 간단하게 이때의 일을 기록했다.

또다시 길을 잘못 들었던 것이다.

몸을 돌린 그들은 약 세 시간을 걸어 바위산 기슭으로 간 다음 잠시 휴식을 취했다. 새벽 5시. 매서운 새벽바람이 뼛속까지 파고들었지만 고단한 대원들의 졸음을 쫓기엔 역부족이었다. 눈 위에 드러누운 워슬리와 크린은 불과 몇 분 만에 서로 껴안은 채 깊은 잠 속으로 빠져들었다.

하지만 섀클턴은 결코 눈을 감지 않았다. "모두 다 잠을 자면 아주 위험했다. 그런 상태에서 잠을 잔다는 것은 곧 죽음을 의미한다. 나는 5분 뒤에 그들을 깨워 30분이나 잤다고 거짓말을 한 다음 다시 출발했다." 그새 몸이 굳어버린 두 사람은 몸이 완전히 풀릴 때까지 무릎을 굽힌 채로 걸어야 했다.

세 사람은 앞에 놓인 들쭉날쭉한 봉우리 쪽으로 향했다. 지긋지긋하던 시행착오가 마침내 끝나고 이제는 익숙한 지역으로 들어서고 있었다. 봉우리들은 스트롬니스 기지 근처에 있는 포르투나 만에서 시작되는 산줄기임이 분명했다. 아침이 밝을 무렵, 그들은 봉우리 사이의 협곡을 통과하여 아래쪽을 내려다보았다.

투명하게 비치는 햇살 속에서 그들은 보았다. 발밑에 펼쳐진 포르투나 만의 풍경을. 동쪽 산 너머로 스트롬니스의 특징인 뒤틀린 바위들이 보였다. 그들은 아무 소리도 내지 않고 한동안 그곳을 내려다보다가 가만히 서로의 손을 잡았다.

"드디어 여행이 끝났다고 생각했다." 섀클턴은 이렇게 적었다. "비록 20km의 험한 내리막길이 아직 남아 있었지만." 이제는 모두들 자신감으로 충만한 상태였다. 크린이 마지막 연료로 아침 식사를 준비하기 시작했다.

높은 곳에 올라가 지형을 살피던 섀클턴의 귀에 희미한 기적 소리가 들려왔다. 지금은 아침 6시 30분. 포경기지 사람들이 잠자리에서 일어나는 시각이었다. 그는 즉시 밑으로 내려가 대원들에게 그 사실을 알렸다. 만일 그의 생각이 옳다면 포경기지의 일과가 시작되는 7시에 또 다른 기적 소리가 울려야 했다. 세 사람은 흥분을 억누르며 워슬리의 크로노미터를 초조하게 지켜보았다.

7시 정각. 기적 소리가 들렸다. 1914년 12월 5일 이후 사람들이 사는 세상에서 들려온 첫 번째 소리였다. 불과 몇 시간 거리에 사람들이 있고 그들의 배가 있다. 이젠 엘리펀트 섬에 남겨두고 온 다른 대원들을 즉시 구조할 수 있을 것이었다.

지금껏 요긴하게 사용했던 스토브를 눈 속에 버리고, 세 사람은 비탈을 서둘러 내려가기 시작했다. 가파른 경사면에 푸른색의 얼음이 위태롭게 뻗어 있었다. 워슬리는 좀 더 안전한 길을 찾아보자고 했지만 섀클턴은 그대로 가자고 주장했다. 이미 그들은 꼬박 27시간 동안 험한 길을 걸어왔으며, 수중에 남아 있는 건 아무것도 없다. 항상 그렇듯이 언제 날씨가 돌변할지 몰랐다. 지금 당장이라도 갑자기 강풍이 불거나 눈보라가 몰아치면 그들은 종착지를 코앞에 두고 또다시 위험에 빠지게 되는 것이다.

조심스럽게 손도끼로 길을 만들던 섀클턴은 나중엔 거의 누운 상태로 절벽을 내려가며 얼음을 발로 쳐서 길을 만들었다. 그의 몸을 묶은 로프를 워슬리가 위쪽에서 단단히 움켜잡았다. 행여 섀클턴이 미끄러지기라도 하면 그들 모두 절벽 아래로 한꺼번에 굴러떨어질 판이었다.

포르투나 만의 모래 해변까지 다 내려오는 데는 약 세 시간이 걸렸다. 낮 12시 30분이 될 무렵, 그들은 포르투나 만의 비탈길을 지나 스트롬니스 포경기지로 가는 마지막 능선으로 들어섰다. 그리고 한 시간 뒤에는 능선 위에서 발밑의 스트롬니스 만을 내려다보았다. 포경선과 대형 범선이 눈에 들어왔고, 기지 곳곳에서 움직이는 사람들의 모습도 보였다. 세 사람은 마지막으로 서로의 손을 잡았다.

오후 3시. 드디어 스트롬니스 기지 외곽에 도착했다. 장장 36시간을 제대로 쉬지도 못하고 여기까지 걸어온 것이다. 고래 기름 연기로 인해 얼굴엔 새까맣게 검댕이가 묻어 있었고, 소금기에 찌든 머리는 잔뜩 헝클어진 채 어깨까지 내려와 있었다. 옷은 이미 다 떨어져서 누더기가 된 지 오래였다.

워슬리는 옷 속으로 손을 넣어 지난 2년 동안 간직해온 네 개의 녹슨 옷핀을 뽑았다. 그동안 그 핀으로 터진 바지를 대충 꿰맨 채 견뎌왔던 것이다. 그것도 영하 수십 도를 오르내리는 남극의 차가운 바다와 얼음과 계곡 위에서.

포경기지 근처에서 그들은 거의 18개월 만에 처음으로 탐험대 이외의 다른 사람을 만났다. 기괴한 행색의 사내 셋과 마주친 두 명의 어린아이들은 다들 겁에 질린 얼굴로 어디론가 달아나버렸다.

꿈속에서처럼 사람들은 그대로 살고 있었다. 포경기지 이쪽 끝에서 저기 부두까지, 모든 것이 옛날 그대로였다. 한 남자가 그들을 보고 얼굴을 찡그리며 멀찌감치 피해갔다. 아마도 거지 삼총사가 술에 취해 쏘다닌다고 생각했을 것이다. 하기야 사우스 조지아 섬에 표류자들이 있으리라고는 꿈에도 생각지 못했을 것이다.

포경기지 감독인 매티어스 앤더슨은 부두에 있었다. 그를 만난 섀클턴은 인듀어런스 호가 출항할 당시에 책임자로 있던 앤튼 앤더슨에게 데려다 달라고 부탁했다. 그러자 감독은 앤튼 앤더슨은 지금 여기에 없다며 대신 새로 온 책임자인 트랄프 쇠를레에게 데려다주겠다고 대답했다. 섀클턴은 고개를 끄덕였다. 쇠를레는 탐험대가 스트롬니스에 잠시 들렀던 2년 전에 한 번 만난 적이 있는 인물이었다.

아무 질문도 없이 감독은 세 사람을 기지 책임자의 집으로 데리고 갔다. 쇠를레 씨가 문밖으로 나와 물었다.

"누구십니까?"

"저를 모르십니까?"

섀클턴이 되묻자 그는 의심스러운 듯한 표정으로 대답했다.

"목소리는 알 것 같은데……. 혹시 데이지의 친구입니까?"

당시 같이 있었던 어느 노르웨이 사람은 그때의 상황을 이렇게 설명했다.

"쇠를레 씨가 '당신들은 대체 누구입니까?'라고 물었다. 이때 세 사람 가운데 한 명이 조용히 말했다. '섀클턴입니다'라고. 그 순간, 쇠를레 씨는 잠시 믿을 수 없다는 표정을 짓다가 돌아서서 조용히 흐느끼기 시작했다."

사우스 조지아 섬

"추억이 많다. 우리는 온갖 어려움을 뚫고 나왔다.
'고통당하고 굶주렸지만 승리했고, 기었지만 영광을 잡았다.'
우리는 장엄한 신을 목격했고, 자연이 만들어낸 이야기를 들었다.
우리는 인간의 숨김없는 영혼이 되었다."
—섀클턴 자서전 《사우스》 중에서 사우스 조지아 섬 횡단 마지막 순간을 설명한 부분

도저히 불가능할 것 같던 일을 그들은 드디어 해냈다. 2년 만에 처음으로 뜨거운 물에 목욕을 했고, 매끈하게 면도를 했으며, 깨끗한 새 옷으로 갈아입고 맛있는 음식을 먹었다. 포경기지 사람들은 세 사람에게 최대한의 정성과 예의를 보여주었다. 죽음의 바다를 건너 기적처럼 돌아온 이들에 대한 뱃사람으로서의 경의였다.

식사를 마친 워슬리는 기지 사람들과 함께 '삼손' 호를 타고 킹 하콘 만에 있는 세 사람을 데리러 떠났다. 그사이 섀클턴은 쇠를레와 함께 엘리펀트 섬에 남아 있는 나머지 대원들의 구조방법을 논의했다.

다음 날 아침, 워슬리가 탄 삼손 호가 해안에 다가갔을 때 맥니쉬, 맥카티, 빈센트는 뒤집힌 커드 호 밑에 있었다. 세 사람은 드디어 구조되었다는 생각에 가슴이 설렜지만 한편으로는 서운함을 감추지 못한 채 투덜거렸다. 동료 대원들이 아무도 나타나지 않고 낯선 노르웨이 선원들만 보냈다고 생각했던 것이다.

바로 그때, 낯선 얼굴들 틈에서 반가운 목소리가 들려왔다. "나 여기 있네." 귀에 익은 워슬리의 목소리였다.

"세 사람은 나를 한참 동안 멍하니 쳐다보았다." 이때의 상황을 워슬리는 이렇게 적었다. "깨끗하게 씻고 면도까지 한 나를 그들은 얼른 알아보지 못했다. 나 역시 노르웨이 선원들 중 한 명이라고 생각했던 것이다."

보잘것없는 소지품을 챙긴 뒤, 세 사람은 삼손 호에 올랐다. 맥니쉬는 지금껏 써온 소중한 일기장을 들고 있었다. 워슬리는 동료들의 개인 물품들 외에 제임스 커드 호도 갖고 가기로 결정했다. 어려운 상황 속에서도 그들을 보호하고 지켜주었던 그 배에 대해 다들 깊은 애정을 갖고 있었다. 비록 편안하지는 않았지만, 커드 호와 대원들은 함께 목숨을 걸고 싸웠고 결국 승리했던 것이다.

삼손 호가 스트롬니스를 향해 가고 있을 때 엄청난 강풍과 눈보라가 몰아쳤고, 그들은 기지에 상륙하지 못한 채 이틀 동안 바다 위에 있었다. 쇠를레의 집에 있던 섀클턴과 크린 역시 창문을 때리는 무시무시한 눈보라 소리를 들었다. 그리고 그제서야 자기들이 그동안 얼마나 위험한 상황을 헤쳐왔는지 생생하게 실감할 수 있었다.

5월 21일 일요일. 섀클턴은 스트롬니스 만에 있는 허스비크 기지로 가서 엘리펀트 섬에 있는 대원들을 구조할 만한 배를 빌렸다. 영국인 소유의 '서던 스카이' 호였다. 그의 오랜 친구인 톰 선장이 선뜻 그 배를 끌고 가겠다고 약속했다. 그리고 항구에 있던 많은 사람들이 자원해서 선원이 되겠다고 나섰다.

삼손 호가 항구에 도착하자 포경기지 사람들이 일제히 몰려나와 새로 온 손님들을 맞았다. 그들은 마치 경쟁이라도 하듯 제임스 커드 호 주변에 몰려들어 그 낡은 배를 어깨 위로 들어올렸다. "노르웨이 사람들이 커드 호를 옮겼다." 워슬리는 이렇게 적었다.

월요일 저녁에 쇠를레는 포경기지 클럽하우스에서 섀클턴과 동료들을 위한 환영회를 열었다. 기지 안에 있는 모든 선장과 간부들이 빠짐없이 초대된 성대한 파티였다. "그들은 모두 나이 든 노련한 뱃사람들이었다." 섀클턴은 이렇게 적었다. "모두들 반세기 동안 폭풍우에 시달린 얼굴을 하고 있었다."

워슬리에 의하면 클럽하우스는 "담배 연기로 자욱"했다. "노련한 뱃사람 서너 명이 우리에게 다가왔다. 한 사람이 노르웨이어로 말했고 감독관이 통역해주었다. 그는 40년간 바다에서 지냈으며, 사우스 조지아 섬에서 케이프 혼까지, 그리고 엘리펀트 섬에서 사우스 오크니까지 모든 곳들을 잘 알고 있다고 말했다. 그러면서 갑판도 없는 6m짜리 배를 타고 엘리펀트 섬에서 사우스 조지아 섬까지 항해했다는 놀라운 이야기는 평생 단 한 번도 들어본 적이 없다며 감탄했다. 클럽하우스에 모인 모든 뱃사람들이 다가와 차례대로 우리와 굳은 악수를 나누었다. 바다를 무대로 살아온 노르웨이 사람들이 보내는 이런 찬사는 우리에겐 실로 자랑스럽고 감격적인 것이었다."

스트롬니스에 도착한 지 3일째인 5월 23일. 섀클턴과 워슬리와 그린은 '서던 스카이' 호를 타고 엘리펀트 섬을 향해 출발했다. 섀클턴이 꿈에도 그리던 바로 그 순간이었다. 서풍을 받으며 순조롭게 항해하던 서던 스카이 호는 그러나 엘리펀트 섬을 불과 60여 km 앞둔 지점에서 거대한 얼음 장애물을 만나고 말았다.

"지금 우리 앞에 나타난 거대한 부빙군을 아무런 보호장치도 없는 포경선으로 통과한다는 것은 자살행위일 것이다." 워슬리는 이렇게 적었다. 한동안 부빙군 주변을 맴돌던 선원들은 결국 연료 부족으로 인해 일주일 만에 항구로 되돌아오고 말았다. 서던 스카이 호는 다른 배를 찾아 포클랜드로 향했고, 여기에서 섀클턴은 영국으로 전보를 칠 수 있었다.

섀클턴의 생존 소식은 엄청난 센세이션을 불러일으켰다. 영국의 신문들은 앞을 다투어 섀클턴의 이야기를 대서특필했고, 국왕이 직접 포클랜드로 축하 전보를 보내왔다.

> 섀클턴 경이 포클랜드에 무사히 도착하였다는 소식을 듣고 우리 모두 기뻐하고 있으며, 엘리펀트 섬에 있는 경의 대원들도 곧 구조되리라 믿습니다.
> —조지 R.I.

하지만 정부 역시 구조작업을 지원할 여력이 없었다. 영국은 여전히 전쟁 중이었고, 남는 배는 단 한 척도 없는 상황이었다. 더욱이 남극 바다의 얼음을 헤쳐나갈 크고 튼튼한 배를 구한다는 건 거의 불가능에 가까웠다. 스콧이 탔던 디스커버리 호가 유일한 대안이었지만, 그 배 역시 10월이나 되어야 항해에 나설 수 있었다.

섀클턴이 배를 찾아 여기저기 헤매는 동안 영국 외무성은 우루과이, 아르헨티나, 칠레 정부에 긴급한 도움을 요청했다. 다행히 6월 10일에 우루과이 정부가 작은 탐사선인 '인스티투토 드 페스카 1호'와 선원들을 무료로 보내왔다. 하지만 이 배 역시 엘리펀트 섬 부근에서 얼음에 의해 심한 손상을 입은 채 뱃머리를 돌려야 했다.

세 번째 시도는 푼타 아레나스(칠레 남단의 항구 도시―역주)에서 영국협회가 지원해준 '엠마' 호에 의해 이루어졌다. 그러나 이 배마저 기상 악화로 인해 엘리펀트 섬을 150km 앞둔 지점에서 되돌아오고 말았다. 몇 주면 된다고 생각했던 일이 몇 달째 실패를 거듭하자 섀클턴은 필사적으로 다른 배를 찾아 헤매기 시작했다.

"이때의 심정은 이루 말로 표현할 수 없다." 워슬리는 이렇게 적었다. "섀클턴은 거의 미친 사람처럼 보였다. 얼굴엔 날마다 주름이 새로 늘어났고, 검고 두껍던 머리카락은 차츰 흰색이 되어갔다. 맨 처음 구조작업을 시작했을 때 그에게는 회색 머리카락이 하나도 없었다. 하지만 세 번째 구조작업을 나서는 그의 머리는 완전한 회색이었다."

섀클턴이 느꼈던 초조함은 사진에서도 확인할 수 있다. 오션 캠프에서 헐리가 찍은 사진을 보면 섀클턴은 무표정하게 얼음 위에 앉아 있지만 어딘지 모르게 명랑한 느낌을 준다. 그러나 이 시기의 사진에서는 과거의 얼굴을 거의 알아볼 수 없을 지경이다. 긴장의 나날을 보내는 동안 그의 얼굴은 몰라볼 정도로 늙어버렸다. 때는 8월 중순, 제임스 커드 호가 출발한 지 벌써 4개월이 지난 뒤였다.

칠레에서 섀클턴은 해군성에 다시 전보를 보내 배를 부탁했다. 디스커버리 호가 9월 20일경에 도착할 것이라는 답장이 왔다. 도저히 그때까지 기다릴 수 없었던 섀클턴은 배를 지원해달라고 칠레 정부에 다시 한번 간청했고, 칠레 정부는 얼음이 없는 바다에서만 항해한다는 조건 아래 작은 증기 예인선 '옐코' 호를 빌려주었다. 그리고 8월 25일, 섀클턴과 크린과 워슬리가 칠레 선원들과 함께 엘리펀트 섬을 향해 출발했다.

사우스 조지아 섬을 통과한 뒤 섀클턴은 그동안의 일들을 차분히 정리하며 다음과 같이 기록했다.

> 이 시기를 되돌아보면 엘리펀트 섬과 사우스 조지아 섬 사이의 폭풍이 몰아치는 바다와 빙원에서 하나님이 항상 우리와 함께했으며 우리를 이끌어주셨다

고 확신한다. 사우스 조지아 섬 내륙의 이름 모를 산과 빙하를 36시간이나 행군하는 동안에도 우리는 늘 셋이 아니라 넷인 것 같았다. 당시엔 대원들에게 그런 얘기를 하지 않았지만, 나중에 워슬리도 내게 이렇게 말했다.
"대장, 산을 넘을 때 왠지 또 다른 누군가가 옆에 있는 듯한 이상한 기분이 들었습니다."
크린 역시 같은 생각이었다고 고백했다.

인간 세상으로 돌아오자 그동안 그들을 이끌었던 알 수 없는 존재는 사라진 것처럼 느껴졌다. 만일 엘리펀트 섬에 단 한 명이라도 죽은 대원이 있다면 지금까지의 모든 고생들은 죄다 물거품이 되고 말 것이었다.

8부

엘리펀트 섬

엘리펀트 섬의 오두막

마츤과 그린스트리트는 남은 배 두 척으로 오두막을 만들자고 했다.
배를 뒤집어 약 1.5m 높이의 돌담 위에 올려놓았고, 이곳에서 22명이 4개월 동안 살았다.
남은 텐트로 벽 주변에 바람막이를 만들었다.

"그들을 떠나보내며 만세를 불렀고, 점차 작아져가는 배를 지켜보았다." 와일드는 제임스 커드 호의 출발 장면을 이렇게 적었다. "일부 대원이 눈물을 흘리는 모습을 보고 나는 모두 일을 하도록 했다. 나 역시 가슴이 미어졌다. 몇몇 비관적인 대원들이 '마지막 모습'이라고 말하는 소리를 듣고 하마터면 그들을 돌로 내려칠 뻔했다."

커드 호는 오후 12시 30분에 출발했고, 와일드는 오후 4시경에 높은 바위 위로 올라가 쌍안경으로 배가 사라져가는 모습을 지켜보았다. 커드 호의 출항을 준비하고 물건을 싣느라 거의 모든 대원들이 물에 흠뻑 젖은 상태였다. 뜨거운 점심을 먹은 대원들은 다들 슬리핑백 속에 들어가 억지로 잠을 청했다.

다음 날 아침. 얼음덩어리가 몰려와 만을 가득 채웠다. 아침 식사를 마친 뒤 와일드는 전체 대원을 모아놓고, 헐리의 표현에 의하면, "간략하지만 적절하게" 앞으로의 생활에 대해 연설을 했다. 그는 특히, 섀클턴은 없지만 이곳에는 여전히 책임을 맡은 대장이 있음을 분명히 했다.

대원들은 벗겨낸 펭귄 가죽과 단단하게 뭉친 눈으로 오두막을 만들었다. 처음엔 그런 대로 지낼 만했지만 체온으로 인해 오두막 내부의 온도가 높아지면서 눈이 녹기 시작하자 내부가 자꾸 축축해졌다.

거친 해변에서 활동 가능한 유일한 공간은 절벽에서 튀어나온 바위투성이의 좁은 곳이었다. 만조 때의 바다에서 고작 3m 정도 올라와 있고 너비도 30m에 불

얼음 동굴

커드 호가 떠난 뒤 남은 22명에게는 안전한 피신처가 없었다.
눈 비탈에 '동굴'을 만들었지만 만족스럽지 않았다.
"여덟 명이 들어갈 만큼 크게 만들었지만, 너무 축축해 다른 방법을 찾아야 한다."
—오들리의 일기

과했다. 서쪽에 있는 빙하에서는 가끔 거대한 얼음 조각이 떨어져 나왔고, 동쪽에는 물개와 펭귄들이 우글거리는 좁은 자갈 해변이 있었다. 그들이 머물고 있는 공간은 온갖 종류의 어려움에 고스란히 노출되어 있는 상태였다.

"커드 호가 사우스 조지아 섬에 무사히 도착하여 지체없이 구조하러 오기를 간절히 기도했다." 헐리는 처음엔 활기를 잃지 않은 채 이렇게 적었다. 하지만 4월

엘리펀트 섬의 오두막 앞에서

프랭크 헐리가 '안식처'에 기대어 서 있다. "열악한 기후 조건에서도 견딜 수 있는
획기적인 개선이었다. 22명 전원이 이 작은 공간에서 잠을 잔다."
―헐리의 일기

마지막 날에는 이렇게 적었다. "오두막과 필요한 장비가 없는 이곳에서의 생활은 거의 인내의 한계를 넘어선다." 커드 호가 떠난 지 6일째 되는 날이었다.

마츤과 그린스트리트는 남아 있는 유일한 물건인 배 두 척으로 오두막을 짓자고 제안했다. 그건 앞으로 다시는 그 배를 이용하지 않는다는 의미였다. 만일 제임스 커드 호가 실패하면 이곳의 대원들은 좋건 싫건 다시 배를 타고 바다로 나가야 한다. 하지만 지금 그런 일은 생각할 수도 없었고, 당장 대원들이 몸을 보호할 수 있는 안전한 오두막을 만드는 것이 시급했다.

"탄수화물 부족 때문에 모두들 체력이 급속하게 떨어졌다." 오들리는 이렇게 적었다. "그리고 이 일은 엄청 힘들었고, 정상적인 건강 상태에서의 작업 속도보다 두 배는 더 오래 걸렸다."

높이 1.5m에 6m의 공간을 두고 벽이 두 개 세워졌고, 그 사이에 바위 두 개를 놓아 바람을 막았다. 그런 다음 스탠콤 윌스 호와 더들리 더커 호를 벽 위에 올려놓았다. 잡동사니 목재들을 서까래처럼 배 위에 놓았고, 큰 텐트 하나로 전체를 덮었다. 남은 텐트들은 잘라서 외벽과 입구를 만들었다.

'안식처'가 완성되자 와일드는 자리를 배정했다. 선원들을 포함한 10명이 배 가로대(배를 횡으로 가로지른 목재-역주) 위의 '침상'을 차지했고, 나머지는 바닥을 따라 자리를 나누었다. 바닥에는 아무것도 두지 않는 게 원칙이었지만 실제로는 얼음과 꽁꽁 얼어붙은 구아노가 노상 굴러다녔다.

오두막에서 보내는 첫날 밤, 드센 눈보라가 몰아치면서 오두막의 취약 부분이 적나라하게 드러났다. 드디어 안전한 피난처를 갖추었다는 생각으로 잠자리에 들었던 대원들은 10cm가 넘게 쌓인 눈 속에 파묻힌 채 깨어나야 했다.

"너무나 비참했다." 맥클린은 그날 아침을 이렇게 적었다. "모든 것이 눈에 파묻혔고, 신발이 꽁꽁 얼어 신을 수가 없었으며, 마른 장갑이 하나도 없었다. 이날 아침은 내 인생에서 가장 불행했던 시간이라고 생각한다. 모든 시도가 다 부질없어 보였으며, 운명이 우리 앞길을 방해하고 있는 것 같았다. 대원들은 눈 위에 주

엘리펀트 섬

펭귄 껍질 벗기기. "이미 물개 고기와 다른 양식이 거의 바닥난 상태였으므로, 두 사람이 매일 펭귄 한 마리를 먹는 것으로 족했다. 전체 대원이 매일 펭귄 11마리를 먹었으니, 5월에서 8월 사이에 약 1,300마리를 죽였을 것이다. 이제 펭귄을 잡아 그날 다 먹고 있으며 남는 것이 별로 없다."
—오들리의 일기

저앉아 큰 소리로 욕을 해댔으며, 이 섬에 대해 지독한 증오심을 보였다."

그러나 와일드는 포기하지 않고 오두막 수선에 들어갔다. 눈과 바람이 스며드는 틈을 그가 슬리핑백 조각으로 단단히 틀어막자 헐리가 작은 난로를 갖고 와 두 배의 뱃고물 사이 삼각형 부분에 놓았다.

"이제부터 연기 때문에 우리 모두 얼굴이 새까맣게 될 것이다. 하지만 예전처럼 축축하지는 않을 것이다." 워디는 이렇게 적었다.

엘리펀트 섬에 고립된 사람들

헐리는 1916년 5월 10일에 이 단체 사진을 찍었다.
"가장 지저분한 모습을 찍은 사진." —헐리의 일기
뒷줄: 그린스트리트, 맥클로이, 마츤, 워디, 제임스, 홀리스, 허드슨, 스티븐슨, 맥리오드, 클라크, 오들리, 커어, 맥클린.
두 번째 줄: 그린, 와일드, 하우, 치덤, 허시, 베이크웰.
앞줄: 리킨슨(허시 아래). (심한 동상에 시달리던 블랙보로는 사진에서 빠져 있다.)

몇 차례의 시행착오를 거치며 오두막은 점차 모습을 갖추어갔다. 커어는 비스킷 깡통을 모아 굴뚝을 만들어 연기를 빼냈으며, 마츤과 헐리는 정어리 깡통으로 램프를 만들어 희미하나마 불을 밝혔다. 헐리와 그린스트리트는 바위로 주방 만드는 것을 지휘했다. 대원들의 작업은 노를 캠프 깃대로 세우면서 마무리되었다. 깃대에는 '로열 템즈 요트 클럽'의 삼각기를 달았다.

와일드는 생활규칙을 엄격하게 정했다. 가엾은 그린은 해도 뜨지 않은 오전

7시에 일어나 주방으로 가서 스토브에 불을 밝히고 두세 시간 동안 물개 스테이크를 만들었다. 9시 30분이 되면 와일드가 "기상! 대장이 오늘 올지 모른다"고 소리치며 대원들의 잠을 깨웠고, 이를 신호로 대원들은 각자의 슬리핑백을 정리했다.

아침 식사를 마친 다음엔 15분간 '흡연 시간'을 가졌고, 그사이 와일드는 그날의 업무를 부여했다. 사냥, 껍질 벗기기, 펭귄과 물개 다듬기, 숙소 정리하고 수선하기 등등. 점심 시간은 12시 30분이었고, 오후에는 오전과 같은 일을 하며 보냈다. 오후 4시 30분에 물개 잡탕으로 만든 저녁 식사를 마치고 나면 모두들 스토브 주위에 둘러앉았다. 앉는 자리도 엄격하게 규칙을 정해서 모든 사람이 일주일에 한 번은 스토브에서 가장 가까운 곳에 앉을 수 있도록 했다.

"괴이한 장면이다." 헐리는 그 모습을 이렇게 묘사했다. "연기에 그을린 대원들의 얼굴이 램프 불빛에 비치면서 기괴한 그림자가 만들어진다. 마치 탄광에서 도망친 다음 잔치를 벌이는 산적 떼 같다." 밤이 되면 사람들의 입김이 얼어붙으면서 벽을 따라 1~2cm 두께의 얼음이 끼었다.

5월 10일. 헐리는 작은 카메라로 단체 사진을 찍었다. "세상에서 가장 지저분한 모습을 찍은 사진." 그는 이렇게 적었다.

"카메라만 있다면." 그는 잃어버린 전문가용 카메라를 생각하며 아쉬운 마음으로 적었다. 탐험과 관련된 모든 기록과 사진 앨범, 남은 감광판과 필름은 모두 밀봉 상자에 넣어 눈 구덩이에 보관해둔 상태였다.

겨울이 시작되었다. 남극의 5월은 나른 곳의 11월에 해당한다. 5월 중순이 되자 자갈 해변에 얼음층이 형성되어 그들이 있는 곳까지 확장되어 왔다. 주변의 모든 것이 눈으로 덮였다. 남극권 위쪽에 위치한 엘리펀트 섬의 기온은 부빙 위에 있을 때보다는 심하지 않았다. 영하 12도 정도가 최저 기온이었다. 그러나 항상 젖어 있었고 시속 100km가 넘는 강풍에 노출되어 있었기 때문에 체감 온도는 그보다 훨씬 더 낮았다.

엘리펀트 섬

"가장 높은 곳에 올라 이 글을 쓴다. (…) 날씨가 좋다. 따뜻한 햇살과 고요. 케이프 와일드는 섬에서 약 200m 정도 튀어나온 좁은 곳이다. (…) 바다 쪽으로 약 6m 높이의 절벽이 있고 그 앞으로는 '그노몬'이라고 부르는 약 100m 높이의 바위섬이 있다. (…) 사진을 찍었다." —헐리의 일기

굶어 죽을 지경은 아니었지만 항상 배가 고팠고, 노상 육식만 했기 때문에 다들 심신이 허약해졌다. 가끔씩은 와일드가 얼마 남지 않은 '특별 영양식'을 나누어 주기도 했다. 가령 잼과 통보리 푸딩은 모두에게 커다란 힘이 되었다. 헐리는 "두 달 반 동안 곡류를 전혀 먹지 못했던 우리를 흥분시키는 식사였다"라고 적었다.

낮이 점점 짧아져 오전 9시부터 오후 3시까지만 해가 떠 있었다. 딱히 할 일도 없었던 탓에 대원들은 자그마치 하루 17시간을 슬리핑백 속에 누워서 보냈다. "모든 사람들이 고래 기름 냄새와 담배 연기에 찌든 슬리핑백 속에서 하루를 보냈다." 그린스트리트는 간단하게 적었다.

음식을 서로 교환하는 것이 주된 소일거리가 되었다. 이 방면에서는 오들리가 특히 뛰어난 능력을 발휘했다. 그는 자질구레한 물건들을 모아두는 습성이 있었고, 게다가 창고 관리를 맡고 있었기 때문에 항상 먹을 것과 바꿀 물건이 있었다.

"맥리오드는 매일 아침 식사 때 펭귄 스테이크 반을 떼어주는 조건으로 견과류 케이크와 펭귄 스테이크 7개 반을 블랙보로와 바꾸었다." 오들리는 이렇게 적었다. "와일드는 지난밤에 펭귄 스테이크를 스티븐슨이 갖고 있던 비스킷 하나와 바꾸었다. 얼마 전에 스티븐슨은 자기가 갖고 있는 각설탕을 매주 6개씩 줄 테니 나한테 케이크를 달라고 했고, 홀리스 역시 비슷한 조건을 제시했다."

대원들의 전체적인 건강 상태는 페이션스 캠프에 있을 때보다 좋지 않았다. 엘리펀트 섬의 습한 추위보다는 부빙 위에서의 건조한 추위가 더 좋았다는 데 모든 대원들의 생각이 일치했다. 몇몇 사람들의 상처 부위가 썩기 시작했고, 심장병이 다소 회복된 리킨슨은 도저히 나을 것 같지 않은 종기에 시달리고 있었다. 허드슨은 여전히 녹초가 되어 있었고, 왼쪽 엉덩이에 커다란 혹이 생겼다. 그린스트리트 역시 동상에 걸려 괴로워했지만 가장 심한 사람은 블랙보로였다.

상태가 악화되자 의사인 맥클린과 맥클로이는 수시로 블랙보로의 상태를 관찰했으며, 다리를 절단해야 할 가능성에 대해서도 이야기를 나누었다. 6월이 되자 오른쪽 다리는 조금씩 좋아졌지만 왼쪽 발가락이 썩어 들어가는 바람에 결국 잘라내야 했다. 클로로포름 증기를 만들기 위해 스토브의 온도를 높여놓고 두 사람은 수술 준비를 시작했다.

6월 15일. 와일드, 헐리, 하우, 기타 환자들을 세외한 모든 사람이 밖으로 나갔고 오두막은 수술실이 되었다. 블랙보로는 음식 상자에 담요를 덮어 만든 수술대 위에 눕혀졌다. 스토브에 펭귄 껍질을 넣고 불을 때자 실내 온도가 26도까지 올라갔고, 냄비에 넣은 수술 도구들이 펄펄 끓기 시작했다. 맥클린과 맥클로이는 그들이 갖고 있는 옷 가운데 가장 깨끗한 내복을 찢어 붕대로 사용했다. 맥클린이 마취제를 주사하는 사이 맥클로이가 수술을 했고, 허드슨은 차마 볼 용기가 나지 않아 고개를 돌려버렸다.

"블랙보로의 발가락을 수술했다." 동상과 류머티즘에 시달리던 그린스트리트는 이렇게 적었다. "왼쪽 발가락을 밑둥 부위만 남기고 모두 잘라냈다. 수술 과정을 모두 지켜보았는데 아주 흥미로웠다. 불쌍한 거지들이 놀랄 정도로 멋진 솜씨를 발휘했다."

수술을 도왔던 와일드는 맥클로이가 블랙보로의 발 가죽을 자르고 벗겨낼 때에도 아무런 반응을 보이지 않았다. 수술이 끝나자 대원들이 다시 안으로 들어왔고, 블랙보로는 마취에서 깨어났다. 다행히도 그는 수술받기 전과 마찬가지로 밝은 모습을 보였다.

크로노미터 케이스와, 헐리가 책 사이에 넣어두었던 셀룰로이드 조각으로 작은 창유리를 만들면서 오두막 안에 빛이 들어왔다. 순간 대원들은 자기들이 살고 있는 곳이 얼마나 더러운지 새삼스레 깨달았다. 기름 찌꺼기, 연기와 검댕이, 순록 털, 물개와 펭귄의 피, 녹은 새똥이 사방에 널려 있었다. 바닥의 어두운 구석에서는 작은 고기 조각들이 고약한 냄새를 풍기며 썩어가고 있었다.

밤에 오줌을 누기 위해 밖으로 나가는 게 귀찮아진 대원들은 10리터짜리 석유통을 요강으로 사용했다. 요강이 5cm만 남기고 가득 차면 맨 마지막으로 소변을 본 사람이 밖으로 갖고 나가 비우도록 규칙을 정했다. 며칠이 지나자 대원들은 소리만 듣고도 요강이 얼마나 찼는지 알 수 있을 정도가 되었다. 한밤중에 5cm 기준선까지 거의 찬 것 같은 소리가 들리면 대원들은 마려운 오줌을 꾹꾹 참으며 누군가 급한 사람이 먼저 일을 보고 치울 때까지 기다리곤 했다.

7월이 되면서 날씨가 따뜻하고 습해졌다. 작은 만 입구에 있는 큰 빙하에서 엄청난 얼음 조각이 떨어져 나갔고, 총소리와 같은 굉음이 들리면서 거대한 파도가 해변으로 밀려왔다. 눈과 얼음, 펭귄 똥이 녹아 오두막 바닥에 쌓이기 시작했고, 그런 상태는 날이 갈수록 점점 더 심해졌다.

얼음 종유석

"1916년 7월 5일. 아주 조용하고 기분 좋은 날이다. 아침에 와일드와 함께 산책을 했다. 아름다운 고드름으로 장식된 동굴에 들어갔다. 이상하게 조각된 발 모양의 종유석이 벽을 장식하고 있고, 천장을 화려한 솔처럼 생긴 종유석이 덮고 있다."

—헐리의 일기

"녹은 물 때문에 바닥은 진창이 되었고, 우리는 그 지독한 오물들을 밖으로 퍼내기 시작했다." 헐리는 이렇게 적었다. "약 350리터나 되는 엄청난 오물을 치웠다." 이 불쾌한 작업을 대원들은 7월 내내 계속해야 했다.

담배가 부족해지면서 가뜩이나 지루한 생활이 더욱 어려워졌다. "홀리스는 매일 밤마다 와일드와 맥클로이를 쳐다보며 피우고 남은 담배를 혹시나 줄까 하고 기다렸다." 오들리는 이렇게 적었다.

위기 상황을 맞은 대원들은 지금까지 드러나지 않았던 창의성을 발휘했다. 마치 실험실의 과학자처럼, 그들은 담배를 대신할 수 있는 것을 찾아 가능한 모든 종류의 섬유로 실험을 진행했다. 그중에서도 특히 베이크웰이 고안한 방법에 희망이 있어 보였다. 그는 전체 대원의 담뱃대를 모은 다음 풀을 넣고 함께 끓였는데, 그 풀은 대원들이 보온을 위해 신발 속에 넣고 있던 것이었다. 그렇게 하면 담뱃대에 남아 있는 니코틴이 풀에 스며들 거라는 게 베이크웰의 주장이었다.

"습지에 불이 난 것 같은 강한 향기가 퍼졌다." 헐리는 이렇게 적었다. "만일 먹을 것과 담배가 풍족했다면, 우리의 정신상태는 아주 위태로워졌을 것이다. 이런저런 궁리와 실험이 없었다면 우리의 사기는 심각하게 떨어졌을지도 모른다." 이 실험은 실패로 끝났지만 어쨌든 베이크웰의 생각은 훌륭한 것이었다.

사라진 즐거움은 담배만이 아니었다. 대원들이 별 생각 없이 자기 몫의 설탕을 오들리의 다른 물건들과 교환하고 오들리가 그 설탕을 모아두는 사태가 벌어지자, 와일드는 음식물 교환 자체를 아예 금지시켜버렸다. 설탕은 생존을 위해 반드시 필요한 탄수화물 공급원이라는 경고와 함께.

7월에는 술을 만들어 마시는 일이 늘어났다. 그러나 술을 만들 재료 역시 떨어져갔고, 더 중요한 비스킷과 귀중한 견과류도 바닥이 났다. 분말 우유도 모두 바닥났다. 이제 먹을 것이라고는 오직 펭귄이나 물개밖에 없었다. 살아남기 위해 그들은 끊임없이 모진 '학살자'가 되어야 했다.

8월 13일은 맑고 화창한 전형적인 봄날이었다. 대원들은 슬리핑백과 그라운드 시트를 모처럼 햇볕에 말렸다. 꼬박 4개월 동안 단 하루의 '외출'도 없이 슬리핑 백 속에 누워 있던 블랙보로도 오랜만에 밖으로 옮겨져 햇살을 즐겼다. 몇몇 대원들은 바닷가에서 삿갓조개와 해초를 잡아다가 바닷물에 넣고 끓였다. 훌륭한 요리였다.

다음 날엔 북동쪽에서 눈보라가 밀려와 15cm나 되는 눈이 쌓였다. 8월 19일부터는 앞바다의 부빙군이 점점 세력을 넓혀갔고, 절벽 위에 올라가도 바닷물이 전혀 보이지 않았다. 대원들 사이의 분위기가 점점 걱정스럽게 바뀌기 시작했다. 구조를 기다리는 대원들에게 8월은 가장 길고 걱정스럽고 지루한 달이었다.

"다들 커드 호의 안전을 걱정하기 시작했다. 성공했다면 지금쯤 모습을 보여야 했기 때문이다." 헐리는 이렇게 썼다. "날씨가 좋지 않다. 하늘과 바다 모두 조용했고, 바다는 거대한 부빙군이 장악해버렸으며, 바다와 육지 전체에 짙고 습한 안개가 자욱했다. 조용한 상태가 우릴 더욱 힘들게 한다."

이제 대원들은 섀클턴이 영영 돌아오지 않을 수도 있다는 이야기를 공공연히 꺼내기 시작했다. 와일드는 디셉션 섬으로 배를 몰고 가야 할 경우를 대비해 쓸 만한 나무와 못을 모으라는 명령을 내렸다.

8월 29일엔 강한 바람이 불었다. "배 한 척을 띄울 준비를 서둘렀다." 오들리는 이렇게 적었다. "와일드가 자기의 계획을 밝혔다. 그와 다른 네 명이 더들리 더커 호를 타고 바람을 따라 사우스 셰틀란드 군도를 통과하여 남서쪽으로 약 400km 떨어진 디셉션 섬으로 간다는 것이다." 더커 호는 디셉션 섬 근처에서 고래 잡는 배와 만나기 위해 10월 5일쯤에 출발하기로 했다.

이론적으로는 간단했지만 아무도 이 계획을 반기지 않았다. 다시 배를 타고 간다는 것은 모두를 겁먹게 만들기에 충분했다. 쓸 만한 물건들은 대부분 커드 호가 갖고 갔으며, 남은 것이라고는 삼각형 돛과 낡은 텐트천, 노 다섯 개가 고작이었다. 더들리 더커 호의 돛대 역시 커드 호의 용골 보강을 위해 이미 사용해버렸다.

구조의 순간

1916년 8월 30일. 옐코 호가 나타났다. 3일 전에 와일드는 눈덩이를 치우도록 했다.
갑자기 날씨가 따뜻해지면 녹아서 홍수가 날 수도 있기 때문이었다.
이들이 떠난 장소에 눈을 치웠던 삽과 곡괭이가 남아 있다.
얼마 되지 않는 물건들이 한쪽에 쌓여 있다.

무엇보다도 두려운 것은, 더들리 더커 호의 출발이 커드 호와 동료들의 '죽음'을 전제로 한다는 점이었다.

8월 30일 새벽은 맑고 추웠다. 눈 치우는 작업을 마친 대원들은 조개를 잡기 위해 썰물 시간인 오전 11시쯤 바다로 나갔다. 12시 45분. 대부분의 대원들이 돌아와 점심 식사를 했고, 마츤과 힐리는 밖에서 조개를 다듬고 있었다.

와일드는 밖에서 마츤이 허겁지겁 달려오는 소리를 들었다. 하지만 관심을 기울이는 사람은 아무도 없었다. 그는 단지 식사 시간에 늦어서 뛰어오고 있을 뿐이니까. 잠시 후, 마츤이 벽을 뚫어버릴 듯한 기세로 오두막에 머리를 들이밀며 가쁜 숨을 몰아쉬었다.

"배가 왔어요!"

그리고 이어지는 얘기.

"연기로 신호를 올려야 하지 않을까요?"

오두막 안에 짧은 침묵이 흘렀다. 그리고…….

"미처 대답할 겨를도 없이 대원들은 엎치락뒤치락 서로 엎어지고 국그릇을 뒤엎으며 출입구로 한꺼번에 달려갔다. 출입구를 가린 천이 찢어졌고, 그리로 나가지 못한 대원들은 '벽'을 부수고 밖으로 몰려나갔다."

오들리는 이렇게 적었다.

밖에 있던 힐리가 파라핀, 고래 기름, 말린 풀을 섞어서 황급히 불을 붙였다. 연기가 잘 나지 않았지만 상관없었다. 배는 불과 1.5km 떨어진 곳에 있었으니까. 그리고 정확히 해변을 향해 다가오고 있었으니까.

맥클린이 깃대에 재킷을 달아 높이 흔들었다. 오두막 안에 혼자 누워 있던 블랙보로를 허드슨과 오들리가 밖으로 데리고 나왔다. 대원들은 그 신비의 배에서 칠레 해군의 깃발을 보고 다들 놀란 표정을 지었다.

배가 점점 가까이 다가왔다. 흥분을 이기지 못한 대원들이 일제히 발을 구르며 괴성을 질러대기 시작했다. 해안으로부터 150m 떨어진 곳에 배가 멎었고, 작은 보트가 내려졌다. 섀클턴이 거기에 타고 있었다. 크린의 모습도 보였다.

"너무 기뻐서 눈물이 났다. 몇 분 동안 아무 말도 할 수 없었다." 와일드는 당시의 심정을 이렇게 표현했다. 베이크웰은 "모두들 환호성을 질렀다"라고 적었다.

대원들은 숨을 멈추고 섀클턴이 다가오는 모습을 지켜보았다. 이윽고 서로의 소리를 알아들을 수 있는 거리가 되자 그들은 일제히 한목소리로 외쳤다.

"모두 무사합니다!"

옐코 호가 엘리펀트 섬에 이르렀을 때 워슬리는 섀클턴과 함께 갑판 위에 있었다. 동료들이 깃발을 흔들어대는 모습을 보자 가슴이 뭉클해졌다. 섀클턴은 쌍안경을 들고 초조한 모습으로 대원들의 숫자를 헤아렸다. 해안에 있는 인원은 정확히 22명이었다.

"그는 쌍안경을 집어넣고 나에게 돌아섰다. 수많은 감정들이 뒤섞인, 지금까지 한 번도 보지 못한 얼굴이었다. 크린이 다가왔고 우리는 아무 말도 할 수 없었다."

엘리펀트 섬의 대원들은 얼마 되지 않는 물건들을 챙긴 다음 차례로 옐코 호에 승선했다. 헐리는 감광판과 필름이 있는 상자를 챙겼고, 그린스트리트는 인듀어런스 호의 항해일지를 챙겼다. 옐코 호의 브리지(양쪽 뱃전에 걸쳐 높게 설치한 갑판-역주)에 서서 구조 과정을 지켜보던 워슬리의 얼굴에 형언할 수 없는 감동과 희열이 떠오르고 있었다.

"2시 10분, 전원 구조!" 그는 일지에 이렇게 기록했다. "마침내!! 2시 15분, 전속력으로 전진!"

모험이 끝나자 지나간 일들이 그리 나쁘지는 않았다는 생각이 들었다. 어쩌면 엘리펀트 섬에서의 일상은 절망적이기보다 그저 조금 불편한 정도에 불과한 것인지도 몰랐다.

구조

"8월 30일 – 수요일 – 기적의 날."
—헐리의 일기

"나는 절대 감정적이지 않다……." 헐리는 이렇게 적었다. "그러나 안개 속으로 섬의 봉우리가 사라져가는 순간, 우리에게 많은 것을 베풀어주었던 저 땅을 영원히 떠난다는 슬픔이 밀려왔다. 우리가 있었다는 것을 보여주는 유일한 흔적인 오두막을 이제는 펭귄들이 드나들며 둘러볼 것이다. 이제는 저 멀리 사라진 엘리펀트 섬."

당시 섀클턴의 심정은 푼타 아레나스에 도착하여 아내에게 보낸 편지에 잘 나타나 있다.

"드디어 해냈소……. 한 사람도 잃지 않고, 우리는 지옥을 헤쳐나왔소."

에필로그

"나의 동료들에게"

옐코 호

항구로 돌아가는 옐코 호의 모습을 베가라는 사람이 찍었다.
힐리에 의하면 베가는 그 마을 최고의 사진사였다.
"9월 3일, 일요일. 아름다운 해가 뜨고, 푼타 아레나스 주변의 언덕과 먼 산이 연한 안개에 가려져 있다.

"오전 7시가 조금 지나자 섀클턴 경은 해안으로 가서 우리의 도착 사실을 푼타 아레나스에 알렸다. 정오 무렵에 우리가 도착할 예정이므로 사람들이 예배를 보고 우릴 보러 나올 수 있도록 하기 위해서였다. 옐코 호는 수많은 깃발로 장식되었다. (…) 부두로 다가가자 선창과 해변에 몰려든 사람들의 함성과 환호 소리에 귀가 막힐 것 같았다." —헐리의 일기

> 넓고 깊은 바다에,
> 한 척의 배와
> 절대 나를 버리지 않은
> 동료들
> — 단테의 《신곡》 지옥편

　　인듀어런스 호의 탐험은 1916년 10월 8일 부에노스아이레스에서 끝났지만 섀클턴은 아직 할 일이 있었다. 웨들해 반대편의 로스해에서 남극 횡단 탐험대의 다른 대원들을 태운 오로라 호가 부빙군에 갇힌 채 표류하고 있었던 것이다. 섀클턴을 유명한 극지 탐험가로 만든 바로 그 눈과 얼음 위에서 또 다른 생존의 신화가 벌어지고 있었다. 이미 세 명이 실종된 상태였고, 섀클턴은 또다시 남극에 가기로 했다.

　　부에노스아이레스 기차역에서 섀클턴은 배웅하러 나온 대원들에게 작별 인사를 했다. 블랙보로와 허드슨을 제외하고 탐험대 전원이 함께 모일 수 있는 마지막 순간이었다. 블랙보로는 푼타 아레나스의 한 병원에 있었고, 허드슨은 몸이 불편했지만 조국에 봉사하기 위해 이미 떠난 뒤였다.

　　연이은 환영식에 지친 헐리는 마음씨 좋은 사진사가 빌려준 암실에서 지냈다. "12개월 전에 난파되면서 노출된 감광판 모두 상태가 좋았다. 작은 코닥 필름에 조금 문제가 있었지만 인화할 수는 있을 것이다." 그는 오직 사진에 대한 이야기만 하고 있었다.

제임스 맥클로이

명랑하고 붙임성 있는 맥클로이는
인듀어런스 호를 타기 전에 아시아 각국을 여행했다.

11월 11일. 헐리는 리버풀에 도착했다. 기차를 타고 런던에 간 그는 이후 3개월 동안 오직 사진 인화와 영화 필름, 강의에 사용할 슬라이드, 앨범 제작에만 전념했다. 몇몇 극적인 장면들이 신문에 실렸고, 폴리테크닉 홀에 그가 찍은 사진이 전시되었다. 5m² 크기의 폴리테크닉 홀 스크린에서 반짝이는 하늘을 배경으로 인듀어런스 호가 등장해 다시 한번 험난한 항해를 시작했다.

로스해 탐험대의 구조작업 이후 영국으로 돌아온 섀클턴은 전쟁에 참가하기를 원했다. 나이 때문에 병역이 면제된 상태이긴 했지만, 훗날 새로운 탐험에 필요한 지원을 얻으려면 어떤 식으로든 참전이 필요하다는 게 그의 생각이었다.

그러나 그에겐 '선전'이나 '운송 책임'을 제외하곤 특별한 임무가 주어지지 않았다. 그에 대한 세상의 관심도 그리 큰 편이 아니었다. 지금은 '탐험시대'가 아닌 '전쟁시대'였고, 전쟁 영웅이 아닌 다른 영웅은 이제 별다른 대접을 받을 수 없었다.

전쟁이 끝난 후 그는 뉴질랜드에 머물면서 자신의 첫 번째 책인 《사우스(South)》의 공저자 에드워드 선더스에게 남극 횡단 탐험의 중요한 부분을 구술했다. 1919년에 드디어 탐험대원들의 일기와 섀클턴의 구술 내용을 토대로 쓰여진 《사우스》가 출간되었다. 섀클턴은 이 책을 "나의 동료들에게" 바쳤다.

1920년에 섀클턴은 북극이건 남극이건 다시 극지방으로 가고 싶다고 발표했다. 그는 런던 여기저기를 돌아다니며 후원자를 모았고, 결국 옛 친구인 존 퀼러 로웨트가 전체적으로 전망이 불투명한 이번 탐험을 지원하겠다고 나섰다.

활기를 되찾은 섀클턴은 인듀어런스 호의 옛 대원들에게 다시 남극으로 가자는 편지를 보냈다. 남아프리카의 니아살랜드에서 목화농장을 하던 맥클로이와 와일드가 달려왔고, 그린은 요리사로 복귀했다. 섀클턴의 가장 가까운 친구가 된 맥클린은 물론이고 허시 역시 밴조를 들고 나타났다. 노련한 선원 맥리오드가 돌아왔으며, 워슬리는 선장을 맡기로 했다.

탐험에 나설 '퀘스트' 호는 볼품없는 물개잡이 배였으며 여러 곳을 수리해야 했다. 썰매견들 대신 이번에는 쿼리라는 이름의 애완용 개 한 마리만이 배에 동승했다. 퀘스트 호의 목적지나 탐험의 목적은 출발하는 순간까지도 명확하지 않았으며, '남극대륙 일주 항해'에서부터 캡틴 키드('검은 수염'으로 불리던 대서양의 유명한 해적 에드워드 티지 - 역주)의 보물 탐사 등 다양한 계획이 거론되었다. 하지만 그런 것은 중요하지 않았다. 퀘스트 호의 모든 대원들은 다들 예전 같은 기분을 느끼며 즐거워하고 있었다.

1921년 9월 17일. 퀘스트 호는 많은 사람들의 배웅을 받으며 런던을 출발했다. 리오에 도착한 이후 섀클턴은 심장병으로 상당한 고통을 겪었지만 되돌아가는 것은 물론이고 검사받는 것조차 거절했다. 다행히 곧 건강을 회복했고 퀘스트 호는 남쪽을 향해 계속 나아갔다. 폭풍우를 헤쳐나온 1월 4일 퀘스트 호는 사우스 조지아 섬에 도착했고, 섀클턴은 일기에 다음과 같이 적었다.

"드디어 도착했다. 해안의 모습이 너무 눈에 익었다. 지난번 담험 때 힘겹게 넘어왔던 장소들을 천천히 살펴보았다. (…) 죽은 고래의 냄새가 사방에 퍼져 있다. 이상하고 특이한 곳이다. (…) 아주 좋은 저녁이다.
만 위의 어두운 밤하늘에 보석같이
반짝이는 외로운 별을 보았다."

사우스 조지아 섬에서 섀클턴은 여전히 포경기지를 지키고 있는 옛 친구들을 만났다. 대원들은 해변으로 가서 인듀어런스 호가 정박했을 당시 한 달여를 보냈던 옛 사냥터를 둘러보았다. 과거에 썰매견들을 훈련시켰던 장소에서 그들은 이제 나무토막을 던지며 쿼리와 함께 놀았다.

그날 저녁, 배에서 저녁 식사를 마친 뒤에 섀클턴이 일어나 농담처럼 말했다.
"내일 크리스마스 축하 파티를 하겠다."
새벽 2시에 맥클린은 휘파람 소리를 듣고 섀클턴에게 갔다. 두 사람은 잠시 동안 조용히 이야기를 나누었고, 맥클린은 섀클턴에게 이제부터는 편하게 살라는 얘기를 했다.

"자네는 항상 나보고 뭔가를 포기하라고 하는군." 섀클턴이 말했다. "지금 이 순간에 내가 뭘 포기했으면 좋겠다는 거지?"

그것이 마지막이었다. 갑작스런 심장 발작이 그를 덮쳤고, 그는 새벽 2시 50분에 죽었다. 검시를 맡은 맥클린은 사인이 '관상동맥 죽종'이라는 진단을 내렸다. 쇠약한 상태에서 무리를 했기 때문에 병이 더욱 악화되었던 것이다. 이때 섀클턴의 나이는 47세였다.

섀클턴의 시신을 영국으로 옮기려던 허시는 남편을 사우스 조지아 섬에 묻어달라는 섀클턴의 아내 에밀리의 편지를 받았다. 자유로웠던 섀클턴을 좁고 복잡한 영국의 공동묘지에 가두어둘 수 없다는 것이었다. 3월 5일, 허시는 섀클턴을 이 세상에서 가장 잘 이해했던 노르웨이 선원들 사이에 묻었다. 끝까지 그와 함께했던 몇 명만이 이 소박한 장례식에 참석했다. 허시는 밴조로 브람스의 '자장가'를 연주했고, 섀클턴의 영혼은 거칠고 웅장한 남극에 남았다.

워슬리는 섀클턴에 대해 이렇게 썼다. "상황에 따라 아주 작은 일에도 신경을 썼고…… 쓸데없는 것까지 챙기는 것을 보면 때로는 모자란 사람처럼 보이기도 했지만, 나중에야 우리는 그의 끊임없는 주의가 얼마나 중요했는지 이해할 수 있었다."

섀클턴이 보였던 모든 계산된 말과 행동 뒤에는 대원들을 위해 최선의 선택을 하겠다는 단 하나의 생각이 있었다. 위기 상황에서 그가 발휘했던 탁월한 리더십의 핵심에는 평범한 사람이라도 상황이 닥치면 영웅적인 행동을 할 수 있다는 확고한 신념이 있었다. 약점과 장점은 늘 공존하는 법. 리더로서 섀클턴은 상상도 하지 못했던 힘과 인내를 대원들에게서 이끌어냈다. 그는 모든 대원들을 똑같이 존중했다.

새클턴은 스콧에게 주어졌던 것과 같은 영예를 얻지는 못했다. 영국인들에게 위대한 극지 탐험가는 스콧 하나로 족했으며, 1차 세계대전 뒤에는 조국에 명예를 안겨주고 죽은 이 비극적인 젊은 영웅이 전반적인 애도의 분위기에 더 적합했다.

하지만 새클턴은 많은 사람에게 영감을 주었다. 사우스 조지아 섬을 횡단한 새클턴과 워슬리, 크린을 이끌었던 예의 '신비로운 존재'는 훗날 T. S. 엘리어트의 '황무지'에 등장하기도 했다.

> 항상 그대 곁에서 걷고 있는 제삼자는 누구인가?
> 세어보면 그대와 나 둘뿐인데
> 내가 이 하얀 길을 내다보면
> 그대 곁엔 언제나 또 한 사람이

새클턴의 탐험을 생생하게 보여주는 유물인 제임스 커드 호는 새클턴의 옛 학교인 '덜위치 칼리지'로 보내졌으며, 지금까지도 그 자리에 전시되어 있다.

새클턴이 죽은 이후 퀘스트 호는 프랭크 와일드의 지휘 아래 항해를 계속했다. 목적지 없이 떠돈 이 항해의 끝무렵에 와일드는 엘리펀트 섬이 보이는 곳까지 갔다. 하지만 섬에 상륙하지는 않았다.

"그 섬을 떠나올 때 다시 볼 수 있으리라고 생각한 사람은 아무도 없었다." 맥클린은 당시의 심정을 이렇게 적었다. "얼마나 많은 사연이 있는 곳인가! 눈물이 흘러내렸고, 북받치는 감정을 적으려 했지만 아무것도 표현할 수 없었다. 지저분한 오두막이었던 그 작은 배를 다시 한번 보았다. 아늑한 안식처였던 곳. 그날의 옛 친구들은 여기저기 흩어졌다. 그때의 감정을 모두 글로 옮길 수가 없다."

인듀어런스 호의 대원들 대부분은 탐험 이후 잘 살았지만, 전쟁과 함께 바뀐 새로운 사회에 적응하지 못한 사람도 있었다. 탐험사에 길이 남을 위대한 생존투쟁을 벌인 사람들의 삶은 그 이후 아주 다양했다.

1918년 2월, 런던의 〈텔레그라프〉지는 '남극 탐험대, 훈장 수여'라는 제목으로 짧은 기사를 실었다. 여기에는 남극 횡단 탐험대원들의 이름과 그들이 겪은 이야기가 간단히 소개되었다. 이미 죽은 사람도 있었다. 제임스 커드 호가 사우스 조지아 섬에 상륙한 지 4개월 뒤, 맥카티가 영국 해협에서 총으로 자살했다. 다른 어느 누구보다 남극 탐험 경험이 풍부했던 치덤은 종전을 불과 몇 주 앞두고 험버강 근처에서 죽었다. 그가 타고 있던 작은 배는 독일 잠수함의 어뢰 공격을 받아 침몰했고, 그는 물속에서 눈을 감았다.

영국으로 돌아와 은퇴한 맥니쉬는 몇 년 동안 아들 가족과 함께 살다가 뉴질랜드로 갔다. 그는 좋지 않은 건강과 술 때문에 일을 할 수 없었고, 결국엔 빈털터리가 되었다. 그러나 웰링턴 부두의 뱃사람들에게 제임스 커드 호의 목수는 영웅이었고, 이 늙은 목수가 밤에 부두 창고로 기어와 잠을 잘 때면 경비원들도 눈을 감아주었다. 그는 뱃사람들이 매월 조금씩 모아주는 돈으로 생활하다가 1928년에 웰링턴의 한 보호시설에 들어갔고, 2년 뒤에 그곳에서 숨을 거두었다.

맥니쉬의 장례식은 극빈자치고는 평범하지 않았다. 영국 해군이 그의 관을 들었고, 뉴질랜드 군에서 관 운반을 위한 차를 제공했다. 그는 카로리 공동묘지에 묻혔고, 1957년에는 뉴질랜드 남극학회에서 묘비를 세워주었다. 맥니쉬는 아주 귀중한 소지품 하나만을 남겼는데, 그건 인듀어런스 호에서 쓴 그의 일기였다.

트롤 어선의 선장이 된 빈센트는 배를 타다가 폐렴으로 죽었다. 홀리스 역시 트롤 어선을 타다가 폭풍우를 만나 실종되었다. 스티븐슨은 병원에서 암으로 죽었다.

토머스 맥리오드는 캐나다에 정착해 벨스 아일랜드 근처에서 2년 동안 고기를 잡았는데, "아내와 함께 지낼 집을 살 돈이 없어서" 독신으로 지냈다고 한다. 그는 인듀어런스 호를 포기하고 난 뒤 얼음 위에 버린 성경을 새클턴 몰래 챙겼다. 성경을 버리고 가면 액운이 생길 거라고 믿었기 때문이다.

맥리오드는 푼타 아레나스에서 자기를 돌봐준 가족에게 그 성경을 선물로 주었고, 몇 년 뒤 그 가족은 왕립지질학회에 그 성경을 보냈다. 지금도 학회에 성경이 보관되어 있긴 하지만 당시 찢어진 〈욥기〉가 어느 부분이었는지는 알 수 없다. 맥리오드는 87세에 캐나다의 한 요양소에서 죽었다.

블랙보로는 12월 말에 웨일즈로 돌아와 열광적인 환영을 받았다. 해군에 자원했다가 발가락 때문에 거부를 당한 그는 바다로 나갔고, 전쟁이 끝나자 아버지와 함께 뉴포트의 부두에서 일했다. 블랙보로와 베이크웰과 하우는 그 뒤로도 계속 연락을 주고받았으며, 지금까지도 그들의 후손들은 서로 연락을 하며 지낸다. 블랙보로는 심장병과 만성기관지염에 시달리다가 1949년에 44세의 나이로 사망했다.

미시간에 정착하여 목장에서 일하며 딸을 키우던 베이크웰은 1964년에 탐험 출발 50주년 기념식 초대를 받고 영국으로 갔다. 미시간의 이웃들은 그의 탐험 사실을 전혀 알지 못했다고 한다. 그는 1969년에 81세의 나이로 사망했다.

리킨슨은 해군에서 근무하고 난 뒤에 선박 설계사이자 엔지니어링 컨설턴트로 일했으며 1945년에 죽었다. 커어는 은퇴할 때까지 상선을 탔다. 허시는 의사가 되었고, 두 번에 걸친 세계대전에 모두 참가했다. 그는 탐험에 관한 강의를 자주 했으며, 죽기 전에 그의 강의 노트와 슬라이드를 상속자로 정한 한 젊은이에게 넘겨주었다. "인듀어런스의 이야기를 멈추지 말라"는 유언과 함께.

마츤은 헐리와 함께 합성 사진을 만들었다. 1925년에 그는 농촌 산업 쇄신과 지원을 위해 설립된 한 단체에 들어갔으며, 1940년에 48세의 나이로 병사했다. 늘 건강이 좋지 않았던 허드슨은 탐험 이후 동상으로 손을 못 쓰게 되었으며 아래쪽 등뼈가 괴사 현상을 보이기도 했다. 해군 예비 함대의 지휘관으로 2차 세계대전에 참전했던 그는 작전을 마치고 돌아오는 도중에 사망했다.

전쟁 중에 해군에서 근무한 클라크는 애버딘 근처의 한 수산연구소에서 근무하며 청어와 대구에 관한 연구 논문을 썼다. 지역 축구 선수이자 크리켓 선수

로도 명성을 날렸으며, 1950년에 68세의 나이로 애버딘에서 사망했다. 제임스는 1937년에 남아프리카로 이주하여 케이프타운 대학교에서 물리학과 교수가 되었고 나중에는 부총장이 되었다. 임기 내내 비유럽권 학생도 대학 입학 자격을 주어야 한다고 주장하던 그는 1964년에 73세로 죽었다.

훗날 제임스 워디 경이 된 워디는 유명한 지질학자로서 왕립지질학회 회장과 케임브리지 세인트 존스 칼리지 학장을 역임했다. 그는 북극 탐험에도 적극적으로 나섰고, 그 공로로 많은 상을 받기도 했다. 절친한 친구였던 제임스와 마찬가지로 1962년에 73세의 나이로 사망했다.

군의관으로 참전하여 많은 훈장을 받은 맥클린은 애버딘에 정착했고, 애버딘 대학교에서 학생보건 책임자가 되었다. 인듀어런스 탐험과 섀클턴의 말년에 관한 가장 중요한 '역사학자' 가운데 하나였던 그는 1967년에 77세의 나이로 사망했다.

맥클로이는 전쟁이 끝난 뒤 '오리엔트 라인'에 들어갔다. 2차 세계대전 중에 그가 탄 배가 어뢰를 맞았고, 다시 무갑판 배를 타고 표류하다가 구조되어 수단에 있는 수용소로 보내졌다. 그는 80세의 나이로 죽었고, 독신이었지만 마지막 순간까지 여자 친구들을 사귀며 지냈다고 한다.

오들리는 섀클턴의 도움을 받아 항공대에 들어갔다. 그는 조종사를 위해 낙하산을 제공하자는 주장을 폈지만, 고위 장교들은 낙하산 탈출이 가능해지면 조종사의 전투 의지가 꺾일 수 있다며 반대했다. 낙하산의 효과를 보여주기 위해 오들리는 타워 브리지에서 낙하산을 타고 내려왔는데, 당시 런던 신문들이 이 사건을 대대적으로 보도했다. 일본 여성과 결혼하여 일본에서 살다가 뉴질랜드에 정착했고, 2차 세계대전 중에는 그의 성격에 딱 맞는 직업인 첩보원으로 일했다. 정신병원에서 79세에 사망했으며, 맥니쉬가 있는 카로리 공동묘지의 퇴역군인 구역에 묻혔다.

프랭크 와일드는 퀘스트 호의 탐험 이후 남아프리카에 정착하여 목화 농장을 하다가 가뭄과 홍수 때문에 모든 재산을 잃었다. 이후 그는 술로 인해 서서히 파멸했으며, 어느 광산 입구에서 한 달에 4파운드를 받으며 바텐더로 일하는 그를 훗날 한 신문기자가 발견했다. 스콧의 마지막 탐험 당시 크린에게 구조되었던 테디 에반스는 자신의 동료이자 위대한 극지 탐험가였던 와일드의 소식을 듣고 그가 연금을 받도록 손을 써주었다. 그러나 와일드는 몇 개월 뒤인 1939년에 죽고 말았다.

토머스 크린은 고향인 아나스콜로 돌아가 결혼을 하고 식당을 운영하며 가족을 부양했다. 크린을 알고 있는 사람들은 그가 스콧을 존경했지만 섀클턴은 '사랑'했다고 말했다. 크린은 맹장 파열로 1938년에 사망하여 고향 근교에 묻혔다.

워슬리는 남은 삶을 인듀어런스 탐험과 같은 스릴과 모험으로 보냈다. 전쟁 중에는 독일군 잠수함을 침몰시킨 공로로 훈장을 받기도 했다. 퀘스트 호 항해 이후엔 어느 남극 탐험대의 대장을 맡았는데, 교묘하게 얼음에 갇히는 방식으로 인듀어런스 시절을 재현하려고 많은 시도를 했던 것 같다. 1934년에는 언젠가 섀클턴과 함께 가자고 약속했던 태평양 보물 탐사에 나섰다. 2차 세계대전 직후엔 함선 지휘 임무를 맡았다가 70이나 된 나이 때문에 취소되었으며, 71세 생일이 얼마 남지 않은 1943년 어느 날 폐암으로 죽었다.

헐리는 호주 해군의 공식 사진작가 겸 명예 함장이 되었다. 이 시기에 그는 '이프레스 전투'를 취재했는데, 이 시기에 그가 찍었던 슬라이드 작품은 1차 세계대전의 모습을 컬러 이미지로 보여주는 몇 안 되는 사진들 중의 하나다. 전쟁이 끝난 뒤엔 파푸아뉴기니 등지로 촬영 여행을 다녔고, 2차 세계대전이 벌어진 뒤에는 팔레스타인으로 갔다. 말년에는 호주와 태즈메이니아의 야생화에 관한 책을 많이 출간했다.

76세의 나이에도 여전히 무거운 카메라를 들고 일을 하던 헐리는 어느 날 일을 마치고 집에 돌아와 아내에게 아픈 것 같다고 말했다. 그런 말을 한 적이 한 번도 없었기 때문에 온 가족이 깜짝 놀랐다고 한다. 실내복으로 갈아입은 그는 평소에 가장 좋아했던 의자에 앉아 조금도 움직이지 않았으며, 의사마저 단호하게 쫓아버렸다. 다가오는 죽음에 맞서 끈질기고 조용하게 싸우며 다음 날 아침까지 의

수염에 고드름이 달린 그린스트리트
"그의 이야기와 농담은 아주 재미있었다.
보통 사람의 머리로는 상상도 할 수 없는 기발한 이야기가 쏟아졌다."
―오들리의 일기

자에 앉아 있던 그는 결국 그날 정오 무렵에 눈을 감았다. 1962년 1월 16일이었다.

1970년, 탐험대의 마지막 생존자 세 명이 HMS(여왕 폐하의 선박이란 의미-역주) 인듀어런스의 취역식에 초대를 받아 참석했다. 이때 찍은 사진에는 영국 국기 아래 의자에 앉아 있는 늙은 세 사람의 모습이 나란히 담겨 있다.

인듀어런스 호의 노련한 선원이었던 월터 하우는 해군 복역을 마친 다음 런던에 있는 집으로 돌아갔다. 전쟁 중에 지뢰를 밟아 얼굴 모습이 흉했지만 아마추어 화가이자 모형 배 제작자로 활발하게 일했다. 기억에 남아 있는 인듀어런스 호의 모습을 그림과 모형으로 세밀하게 재현했던 그는 1972년에 87세의 나이로 사망했다.

요리사였던 그린은 1914년에 부에노스아이레스에서 섀클턴의 탐험에 참여하기로 하면서 부모님에게 편지를 썼지만, 이 편지를 갖고 가던 배가 어뢰를 맞고 침몰하여 그가 어디에 있는지 아는 사람이 아무도 없었다. 다시 문명 세계로 돌아온 1916년에 과학자들과 고급 선원들은 다들 여객선을 타고 먼저 돌아갔지만, 그는 다른 하급 선원들과 마찬가지로 고향에 돌아갈 방법을 스스로 찾아야 했다. 결국 '조난당한 영국 선원' 자격으로 배를 얻어 타고 돌아간 그는 1974년에 86세의 나이로 죽었다.

그린스트리트는 부에노스아이레스에서 영국으로 돌아가는 한 예인선을 맡으면서 전쟁에 참전했고, 2차 세계대전 때는 대서양에서 구조선을 탔다. 1964년에 어느 신문에 그가 죽었다는 오보가 실리자 그린스트리트는 신문사에 전화를 걸어 자신의 사망 기사가 너무 이르다고 알려주었다. 그는 89세이던 1979년 3월에 인듀어런스 호의 대원들 중 가장 마지막으로 눈을 감았다.

헐리의 사진 기록에서 가장 기억에 남는 대표적인 사진은 누더기 차림의 대원들이 엘리펀트 섬 해변에 서서 구조선을 바라보며 환호하는 장면이다. 헐리는 이 사진의 제목을 '구조'라고 불렀다. 그러나 워슬리가 출판한 《체험기》에 나오는 같은 장면은 제목이 '엘리펀트 섬을 출발하는 제임스 커드 호'로 되어 있다. 왕립지질학회에 보관된 원판 사진을 보면 커드 호의 모습이 심하게 훼손되어 잘 보이지 않고, 물건을 실어 나르던 스탠콤 윌스 호가 다시 돌아오는 모습과 노를 젓고 있는 선원들의 모습만이 남아 있다.

헐리가 이 사진의 제목을 '구조'라고 한 이유는 간단하다. 강연을 다니던 그에게는 이야기의 마지막을 장식할 가장 극적인 사진이 필요했던 것이다. 그의 사진 조작은 경솔한 짓이긴 했지만 크게 문제가 되지는 않았다.

이 사진에서 그는 이 불가능한 이야기의 두 측면인 성공과 실패의 모습을 나란히 담아냈다. 뒤에 남아 기다려야 할 사람들의 인내와 용기, 그리고 과감한 출발. 대원들은 그들이 처한 상황을 모두 인정한 채 손을 흔들며 용감하게 작별 인사를 하고 있다.

돛대에서 촬영하는 헐리

"헐리는 카메라를 든 전사로 어디를 가든 사진을 찍기 위해 무슨 짓이든 다 했습니다."
―그린스트리트, 아버지에게 보낸 편지 중에서

남편의 사망 소식을 들은 섀클턴의 아내 에밀리는
그를 사우스 조지아 섬에 묻어달라고 요청했다.
그의 시신은 지금도 그 섬의 작은 묘지에
그의 업적을 가장 잘 알고 있을 포경 선원들과 함께 안치돼 있다.
그의 주위에는 산과 바다가 있고, 그를 위대하게 만든 거친 풍경이
때묻지 않은 아름다움을 자아내고 있다.
—캐롤라인 알렉산더, 〈내셔널 지오그래픽〉에서

지은이 캐롤라인 알렉산더 Caroline Alexander

〈뉴요커〉〈그란타〉〈콘데 나스트 트래블러〉〈내셔널 지오그래픽〉 등에 글을 썼으며, 여러 권의 책을 내는 등 왕성한 저술 활동을 하고 있다. 1999년 4월 미국 자연사박물관에서 열린 '인듀어런스: 섀클턴의 전설적인 탐험' 전시회를 주관하기도 했다. 현재 뉴햄프셔의 한 농가에서 살고 있다.

옮긴이 김세중

연세대학교 생물학과를 졸업하고, 동대학원에서 미생물학 석사학위를 받았다. 관련 기업체에서 다년간 일하다가 현재는 전문 번역가로 활동하고 있다. 번역한 책으로는 《제스처》 《부메랑의 법칙》 《세상을 깨우치는 기발한 아이디어》 외에 다수가 있다.

인듀어런스

초판 1쇄 펴냄 2003년 11월 25일
36쇄 펴냄 2024년 7월 8일
개정판 1쇄 펴냄 2025년 10월 20일

지은이 캐롤라인 알렉산더
옮긴이 김세중
펴낸이 고영은 박미숙

펴낸곳 뜨인돌출판(주)
출판등록 1994.10.11.
　　　(제406-251002011000185호)
주소 10881 경기도 파주시 회동길 337-9

홈페이지 www.ddstone.com
블로그 blog.naver.com/ddstone1994
페이스북 www.facebook.com/ddstone1994
대표전화 02-337-5252
팩스 031-947-5868

ISBN 978-89-5807-075-7 03840